RÍNDETE

SIN
FRACASAR
EN EL
INTENTO

RÍNDETE

SIN FRACASAR
EN EL INTENTO

BENSHORTS

HÉCTOR DE LA HOYA

Planeta

© 2020, Benshorts

Diseño de portada: Planeta Arte & Diseño / Daniel Bolívar
Fotografía del autor: © Eduardo Ramos
Diseño de interiores: Daniel Bolívar
Adaptación de interiores: Cáskara / Alejandra Ruiz Esparza
Ilustraciones de interiores: Diego Enrique Martínez García

Derechos reservados

© 2020, Editorial Planeta Mexicana, S.A. de C.V.
Bajo el sello editorial PLANETA M.R.
Avenida Presidente Masarik núm. 111,
Piso 2, Polanco V Sección, Miguel Hidalgo
C.P. 11560, Ciudad de México
www.planetadelibros.com.mx

Primera edición en formato epub: junio de 2020
ISBN: 978-607-07-6774-6

Primera edición impresa en México: junio de 2020
ISBN: 978-607-07-6732-6

Impreso en los talleres de Litográfica Ingramex, S.A. de C.V.
Centeno núm. 162-1, colonia Granjas Esmeralda, Ciudad de México
Impreso y hecho en México – *Printed and made in Mexico*

No te aferres a un error solo porque te tomó mucho tiempo cometerlo.

AUBERY DE GRAF
(y tú después de leer este librazo).

ÍNDICE

SI SUPIÉRAMOS RENDIRNOS

He nadado con cocodrilos gigantes en Sudáfrica, he buceado en el arrecife de coral más grande del mundo, he dado conferencias frente a muchísima gente (con miedo de hablar en público) y he estado al lado de un león sin ninguna reja de por medio. Todo esto me dio mucho, mucho miedo, pero nada de lo anterior me ha aterrado tanto como dejar un proyecto a medias, terminar una relación en la que ya no era feliz o dejar un lugar porque ya no me hacía crecer. Aun así, lo hice y me rendí con asuntos que en su momento no aportaban nada positivo a mi vida.

Me salí de la carrera de Gastronomía cuando me di cuenta de que no era lo mío (se me quemaba el huevito), decidí cerrar canales de YouTube cuando ya no eran negocio (aunque el ego me gritara lo contrario) y terminé una relación cuando las cosas ya no funcionaban (aunque sabía que iba a doler y que iba a llorar con canciones de Intocable).

Así que tengo algo de experiencia con esto de rendirse y quiero explicarte por qué es importante que aprendamos a hacerlo.

Nos rendimos para seguir adelante

Nunca debemos rendirnos para detenernos por completo, sino para mejorar y sentirnos bien. El problema es que no sabemos cómo. Todo mundo te enseña a seguir tus sueños, a cumplir retos y metas, pero nadie te enseña a decir que no, a reconocer que no quieres seguir con eso a lo que le has dedicado tanto tiempo pero que simplemente ya no quieres continuar. No, no está mal «tirar la toalla» y muchas veces es lo mejor, créeme. Yo he renunciado un montón de veces y te voy a enseñar cómo tú también puedes hacerlo. Dale un traguito a tu café, agua o whisky.

¿Recuerdas al amigo que se salió en segundo semestre de la carrera y al que todos vieron como un maldito fracasado? ¡Ah! ¿Fuiste tú? ¿Y de verdad piensas que eres un fracasado por dejar algo que no te gustaba para buscar lo que realmente querías hacer? Si supiéramos rendirnos, no nos costaría tanto cambiar de carrera. Parece una decisión difícil aun cuando ya sabemos la terrible verdad: no nos gusta lo que estudiamos y nos preparamos durante cinco años o más en un área que no nos interesa, para terminar trabajando en otra cosa completamente distinta. ¡PUM! Verdad reveladora y dolorosa. Hay quienes ignoran esta realidad por años, incluso para siempre, solo por no querer dejar algo a medias, y con ello hacen a un lado sus pasiones o habilidades. Nos detienen las expectativas que tienen los demás sobre NUESTRO FUTURO.

Veamos la gran ventaja que tiene renunciar a un trabajo o carrera para buscar algo distinto. No somos un disco duro que podamos borrar. Los contactos y el conocimiento de la carrera que dejaste se quedan contigo, y eso será una ventaja cuando llegues a tu nuevo proyecto. Tendrás conocimientos de otro campo que te ayudarán a identificar nuevas formas de hacer las cosas y contarás con perspectivas que te distinguirán de los demás.

Hemos sido formados con historias de éxito, vamos a conferencias de gente que presume cómo lo logró. «La historia la cuentan los ganadores», dicen, y eso también nos ha educado con estrés y presión gracias a expectativas inalcanzables. Las historias de los ganadores suelen ser atractivas, pero yo estoy obsesionado con las historias de la gente que se rindió. ¿Por qué? Porque ahí está el verdadero conocimiento; para poder dejar un trabajo, una inversión, un proyecto o a una pareja hay que aprender a rendirse.

¿Te imaginas cuántas veces debieron rendirse los ganadores para llegar a donde están? Tuvieron que hacer sacrificios y fallar, pero nosotros solo vemos el resultado final. Miramos los logros de los ganadores y aspiramos a ser como ellos, pero raras veces aprendemos de los errores ajenos. Si alguien ya recorrió un camino y regresa llorando, sudando, sangrando y sin dinero, diciéndome que no me vaya por ahí, LE VOY A HACER CASO. Pero como somos malísimos para hacer caso, a veces es necesario tocar fondo para reconocer que debemos detenernos, que si continuamos vamos a lastimarnos y terminaremos traicionando quiénes somos en realidad.

Seguir está sobrevalorado gracias a esas historias únicas e increíbles. ¿De qué sirve seguir sin parar si vamos haciendo daño a los demás, gastando dinero o tiempo como si nada más importara? Además, ya acordamos que se trata de rendirse para mejorar, y saber hacerlo puede tener cosas buenas.

¡AH, PERO NO! Nos aferramos a todo:

A las bolsas de súper que metemos una dentro de otra hasta que se vuelven la megabolsa. Todos tenemos esa tía abuela que se rehúsa a quitarle el plástico transparente a los sillones (¿planea quitárselo cuando la reina o el papa quieran tomar Nescafé en la sala?). A tener el celular o el coche más nuevo o costoso, solo para mantener una imagen ante personas a quienes sí les importan esas cosas (personas que a veces ni nos caen bien).

¿No quieres ser un aferrado? Para poder rendirte necesitas estar dispuesto a cuestionar tu realidad y tus decisiones. El secreto está en no cansarte de rendirte por el miedo de volver a empezar. ¿Qué no es eso lo que nos hace falta a veces? Nuevos comienzos, para eso nos rendimos.

Vas a tener que hacer tus cagadas, y sobre todo tus logros, completamente TUYOS. Podrás compartir los frutos de tus éxitos, pero tienes que hacerlo por ti.

Que algo sea difícil o doloroso no es una señal de que venga una recompensa, sobre todo si no se tiene la recompensa clara y en especial si nadie nunca la ha mencionado. La gente piensa que *difícil* significa *éxito*: le agregamos un valor sentimental pero irracional a nuestro trabajo, y no hay resultados porque pensamos que mientras más sufrimos, más vamos a disfrutar en el futuro. La idea platónica de recompensa: si damos todo, las cosas se solucionarán mágicamente. Nop.

La recompensa de seguir en una relación es estar en la relación. Puedes enfrentar retos con tu novio. Juntos pueden superar pruebas difíciles, pero si tu novio es el difícil, si estar feliz con él es el verdadero reto, ¿de dónde crees que va a salir la recompensa? Tal vez estás superando dificultades para cargar con un obstáculo para tu felicidad, tu pinchi novio.

LOS SIETE BENEFICIOS DE SABER RENDIRSE:

- Más personas se dedicarían a lo que realmente les gusta.

- Podríamos terminar relaciones sin TANTO dolor (obviamente habría dolor, pero no desarrollaríamos cuadros psicóticos durante las madrugadas... o sí).

- Sabríamos cuándo es momento de avanzar al siguiente proyecto de trabajo.

- No pensaríamos tanto en la opinión de los demás a la hora de tomar decisiones que solo nos afectan a nosotros.

- Tendríamos más espacio en nuestra vida para aventuras y situaciones que nos hagan sentir bien.

- No habría gente enamorada eternamente de una persona con la que nunca tuvo oportunidad.

- No habría segundas partes de películas que nunca la necesitaron: *La máscara 2*, por ejemplo. No les alcanzó para Jim Carrey, así que decidieron que un bebé fuera la máscara. UN BEBÉ.

«PERO, HÉCTOR, NO AMO MI TRABAJO, AUNQUE AMO COMER. NO SOLO AMO COMER, NECESITO COMER, PARA SEGUIR VIVA Y PUES... SOY FAN DE ESTAR VIVA».

No te preocupes, eso lo veremos más adelante. Quiero que te sientas cómoda, por favor, así que si te hace sentir mejor, no lo llames rendirte. Puedes ponerle el nombre que tú quieras: llámalo cambiar, evolucionar, superar, borrar, dejar ir, eliminar, ganar, saltar.

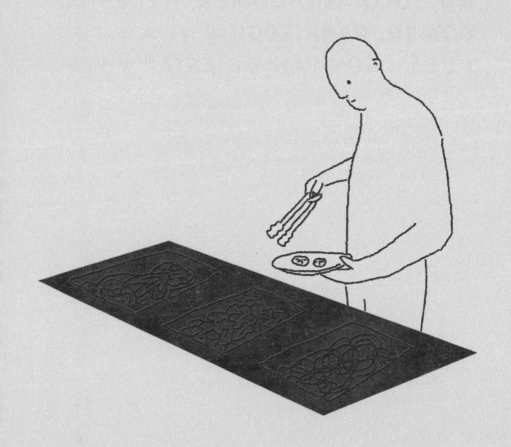

TU VIDA ES UNA ENSALADA

Cómo leer este libro

Tal vez veas los nombres de los capítulos y te parezca una lista muy larga, llena de cosas que tienes que dejar atrás, en las cuales deberías rendirte, ¡pero no es así! Respira, esto de dejar ir y rendirnos es como uno de esos restaurantes de ensaladas en los que eliges base, verduras, crotones, aderezo y proteínas.

ES LO MISMO: aquí hay una lista de ingredientes y no tienes que ponerle todo a tu ensalada. Sería un desastre, demasiados sabores y texturas. Terminaría con tantas cosas que te convendría más comerte una hamburguesa. Tampoco tienes que rendirte en todos los aspectos de tu vida y empezar de cero (el equivalente a pedir un plato sin nada), solo debes tachar los aspectos que creas que no te hacen bien, aquellos con los que no te sientas satisfecho. Juntos veremos cómo cambiarlos. No conozco tu vida, así que no puedo decidir por ti. No conozco tus gustos en ensaladas, solo te puedo mostrar el menú de este restaurante y esperar que te vayas con algo balanceado y delicioso.

Me ha pasado que permito que un solo aspecto dañado de mi vida afecte a los demás, y siento que todo se viene abajo. Un mal amigo te hará pensar que todo el mundo está en contra tuya; un maestro que te trata mal te hará pensar que no eres lo suficientemente bueno en tu carrera, tanto que querrás dejarla; un mal jefe te hará pensar que debiste haber elegido otro trabajo. Un día con malos resultados en el trabajo me hará pensar que no debí haberme dedicado a hacer videos.

Aunque en realidad es solo una cosa la que debamos arreglar, a veces dejamos que nos manche el resto de la lista. Hay que saber identificarla, como un ingrediente, para solo sacar lo que no nos gusta y así tener nuestra ensalada como realmente la queremos.

Tal vez tu novio machista son las aceitunas. Solo hay que quitarlas de la ensalada y quizá no sabrá tan mal cuando la pruebes.

Y esto es tarea de todos los días: saber separar los ingredientes de tu ensalada para quitárselos. Si tu día empezó mal, no dejes que una mala mañana afecte tu tarde y tu noche.

También hay ensaladas más atrevidas, con salmón y mango, por ejemplo. ¿Una fruta y un pescado? ¿Por qué no? Es parte de la lista y, sí, también puede tener queso, siempre y cuando no le eches la bola entera de queso Oaxaca.

Hay a quienes no les gusta mucho el aguacate, pero en una ensalada sí lo comen. Digamos que el aguacate es el compromiso: así solito «le sacamos», pero, mezclado con todo lo demás (amor, apoyo, metas, risas, sexo), la ensalada cobra una intención diferente, otro sabor y consistencia. Es un balance en tu vida, parte de la existencia en conjunto.

La importancia no está en lo que elegimos, sino en la capacidad de elegir. Nadie te dará la ensalada ya hecha. No es como un pastel al que no le puedes quitar ingredientes después de horneado; con tu ensalada **tienes el poder de elegir**.

No creas que cuando acabes de leer este libro te volverás un ermitaño que vive en el bosque y se alimenta de nueces que le entregan sus ardillas mascota entrenadas; serás la misma persona que eres ahora, **pero con menos pendientes, preocupaciones y cosas negativas en la cabeza** (aunque si sabes entrenar ardillas, sería genial que me dijeras cómo).

Tu vida es una ensalada, no le vayas a echar cualquier mugrero.

ÉXITO = SALIRSE

En serio, yo no inventé esto

Vemos el éxito como nuestra meta principal en la vida, sacrificamos mucho para alcanzarlo (dinero, tiempo, relaciones, salud, a nosotros mismos), pero este concepto tiene un origen con un significado muy interesante que podría cambiar el rumbo de nuestras vidas para siempre. PARA SIEMPRE. La palabra *éxito* viene del latín *exitus*, que significa «SALIDA» (como las puertas gringas, ahvedá); también se traduce como «término» o «fin» y su concepto opuesto es *fracaso*. Sin embargo, normalmente conectamos el dejar ir, rendirse o cambiar de camino con el fracaso y no con el éxito, cuando en realidad es todo lo contrario: el éxito es festejar un final, alegrarnos de terminar. Y como es tu historia, tú decides cuándo acaban las cosas y cuándo comienzan.

Rendirse se trata justo de eso, de cerrar ciclos cuando es necesario, no cuando el universo nos obligue a cerrarlos porque no tenemos opción; eso sí sería un fracaso. El éxito es tener el control, decidir cuándo terminan las cosas. El éxito es saber exactamente el momento correcto de rendirte y dejar ir para seguir o volver a comenzar.

Este no es un libro para decirte que no tienes que trabajar para obtener lo que quieres, sino para ayudarte a dejar lo que no quieres o lo que no te hace bien, y que trabajes UN BUEN en lo que **sí** te llevará a vivir la vida que quieres. Debes ser 100% honesto contigo mismo, hacerte las preguntas correctas para saber si estás planeando demasiado o si solo te da pereza hacer algo con tus conocimientos. Porque ya los tienes y te costó mucho obtenerlos; es mejor aprovecharlos y hacer algo valioso con ellos.

La realidad es que nos da miedo hablar con nosotros mismos y cuestionar nuestras decisiones. Nos da miedo frenarnos cuando ya hemos avanzado mucho, cuando ya avisamos que estamos felices con una decisión que tomamos, cuando ya subimos una foto a las redes sociales para que todo el mundo nos vea a gusto en nuestro trabajo o en nuestra relación. Como ya está ahí afuera, en el universo, una vez que lo asumimos y ocupa espacio en nuestra mente, pensamos que ya no hay vuelta atrás o que no se puede cambiar. Porque... ¿QUÉ VAN A DECIR? CHAN, CHAN, CHAAAN.

Claro que rendirse tiene mala reputación: mientras para algunos quiere decir detenerse, para otros significa fracasar. Yo escribí este libro para darte ánimos y ayudarte a identificar cuándo es mejor parar.

Si de verdad quieres que esto sirva, vas a tener que perder el miedo a pensar, vas a entrar en tu cabeza, te vas a sentar en una de las dos sillitas que están en esa habitación mental y permitirás que en la otra silla te sientes tú también, te mirarás directo a los ojos y te dirás la verdad.

Nuestra sociedad ha romantizado la terquedad y a eso lo llaman *perseverancia*. ¿Has escuchado alguna vez las frases «¡Nunca te rindas!», «El que persevera alcanza» o «Los ganadores nunca se rinden»? Estoy casi seguro de que sí. No les deberías hacer caso siempre, probablemente te han hecho mucho daño y ni cuenta te has dado.

A VER: si Zayn no se hubiera rendido con One Direction, no tendríamos a cinco artistas felices haciendo su propia música. Así como Zayn no tuvo miedo de dejar a una de las *boybands* más importantes de la historia, tú no debes tener miedo de dejar a tu novia que te grita feo o renunciar a tu trabajo que no paga tan bien y no disfrutas.

Rendirse no es algo fácil, lo más sencillo es seguir con lo mismo. Vas a tener que aprender a rendirte, porque eso no nos lo enseñan nunca. Debería ser una materia en la secundaria: cómo rendirte de verdad, rendirte en serio.

Te vas a rendir y vas a poder estar en tu cama viendo Netflix, rascándote la panza con una bolsa grande de pretzels cubiertos de chocolate, sonriendo, SIN CULPA.

¿Cómo lo sé?

Porque a todos nos gustan los pretzels cubiertos de chocolate y porque tengo una bolsa de ellos aquí al lado (y no te voy a mentir, me he rascado la panza un par de veces). Mientras escribo esto estoy en un hotel barato en San Francisco, vine a un festival de *stand-up*. Desde que me rendí con ciertos proyectos y ciertas personas, ahora tengo más tiempo libre y decidí usarlo en comida y comedia. No estaría aquí si no me hubiera rendido tantas veces antes. Y con ese tiempo libre apareció la idea de este libro en mi cabeza. ¡Imagínate lo que se te ocurrirá cuando te deshagas de todos los pensamientos que no necesitas!

La recompensa de una relación es estar en esa relación. No te confundas, bebé.

Ríndete antes de que la parte que menos disfrutas de tu historia se vuelva tu única realidad.

ALGUNAS CONSECUENCIAS DE RENDIRSE:

- Reduce el estrés
- Tienes más tiempo libre
- Y menos enemigos
- Creas nuevos proyectos
- Ahorras dinero
- Y tiempo
- Te importa menos lo que opinen los demás
- Te vuelves más seguro
- Se te acercan cachorritos en la calle a saludarte solo porque sí

Si aún no te convenzo, no te preocupes. Me he rendido con muchas cosas, pero no me voy a rendir contigo.

Imagina todo lo que habría logrado el coyote si hubiera dejado de perseguir al correcaminos y hubiera puesto una granja de pollos. Habría tenido comida todos los días, en vez de salir lastimado con sus propias trampas. ¿Cuál era su plan después de alcanzar lo que parecía su ÚNICA META? El correcaminos se veía bastante flaco, no creo que sirviera como alimento por muchos días... En fin, vamos a rendirnos con esta analogía por ahora.

Nada es a fuerza y, como no sabemos rendirnos, nos obligamos a vivir siempre en la misma ciudad, a quedarnos en una relación que nos hace daño, a estudiar una carrera que solo nos fastidia, no disfrutamos y nos quita el tiempo libre. Esperamos que pase algún milagro o que suceda lo peor antes de rendirnos.

NOS EDUCAN PARA NO RENDIRNOS

¿SIENTES QUE YA LO DISTE TODO? ¿YA NO PUEDES MÁS? ¿YA NO VES TUS METAS COMO ANTES? ¿TE PREOCUPA LO QUE DIRÁN LOS DEMÁS? Lo único que quieres hacer es rendirte y una voz bajita te dice que estás en lo correcto... pero una voz mucho más fuerte te dice que si te rindes eres débil.

Nos educan para nunca dejar las cosas a medias, sin importar que podamos volvernos locos de tanto insistir. Nos enseñaron que sumar siempre es mejor que restar.

Nos enseñaron también que mientras más libros leamos es mejor; eso nos obliga a terminar de leer textos que no nos dejan nada por el simple hecho de que los comenzamos, y no nos detenemos a pensar si lo que le estamos dando de comer a nuestra mente de verdad es nutritivo. Buscamos la satisfacción de haber terminado de leerlo, pero no disfrutamos sus páginas, no encontramos esa satisfacción MIENTRAS lo leemos. Eso no es nada sano y es una enorme pérdida de tiempo.

¿Vale la pena chutarte páginas de algo que no disfrutas solo por la necesidad de terminarlo? ¡Claro que no! Cuando estamos leyendo un buen libro nos ponemos nerviosos porque ya se acerca el final, contamos las páginas que le quedan y no queremos que se acabe. Incluso lo leemos despacito para que nos dure más.

¿Por qué no mejor buscar un libro que nos haga olvidar la última página, que nos haga desear que no se acabe nunca? ¿Por qué no buscar un libro que nos haga sentir la historia en cada hoja? No solo por el hecho de acabarlo, sino por gusto. Es como obligarte a terminar un cartón de leche caducada antes de comprar otro únicamente porque no puedes rendirte, porque no puedes desperdiciar algo que ya compraste.

Nos negamos a dejar ir malas experiencias que se disfrazan de oportunidades y nos encontramos tratando de caerle bien a gente que no volveremos a ver en nuestra vida, buscando la aprobación de alguien a quien no le importa si estamos bien, luchando por mantener una amistad solo porque somos amigos desde secundaria, aunque sabemos que el ciclo de aprendizaje y convivencia ha muerto, la relación se ha vuelto vacía y algunas veces hasta tóxica.

Tal vez en este momento de tu vida no necesitas rendirte o dejar de hacer algo, pero en el pasado dejaste ir algo o a alguien y aún no te sientes del todo seguro o segura de tu decisión. **Vamos a tratar de encontrar alivio y confianza en esa decisión que tomaste antes, ¿ok?**

Nos educan para pensar que es mejor tener más dinero, aunque nuestra salud y nuestras relaciones personales se vean afectadas; que es mejor trabajar más horas ignorando resultados y simplemente dejar que el esfuerzo sea la unidad de medida que le da valor a nuestro trabajo (puedes trabajar mucho sin lograr nada). Nos han repetido tantas definiciones de felicidad, de éxito, que a la hora de salir a buscar estos conceptos no tenemos idea de cómo se ven o cómo se sienten desde nuestra perspectiva.

En nuestras relaciones

Como creemos que es un terrible error rendirnos, luchamos hasta ya no poder, nos tapamos los ojos y seguimos teniendo discusiones sobre problemas insignificantes con alguien con quien simplemente no somos compatibles. Comenzamos a sacrificar tiempo —algo muy valioso—, pero también posibilidades de un mejor futuro, nuestra sonrisa, nuestra paz, hasta que esto empieza a afectar cómo nos percibimos al estar con alguien que solo ve lo malo en nosotros. Intentamos tener el control de la relación y buscarle lógica al amor, empezamos a estar de acuerdo hasta que decidimos dejar de hacer lo que amamos para esforzarnos en una relación que ya no nos aporta cositas buenas.

Y claro, hay que estar en las buenas y en las malas, pero en ocasiones parece que son más las malas y que solo aguantamos ahí por gusto.

En el trabajo

Si sabes que estás haciendo un esfuerzo extra en tu trabajo y tu jefe no lo puede ver y esa incapacidad para ver tus logros detiene tu crecimiento, déjame decirte que estás tratando de empujar una montaña tú solito. La espera de algo mejor es lo que nos mantiene ahí, pero como la idea de ese futuro brillante (aumento de sueldo, mejor puesto, más vacaciones, etcétera) a veces es tan clara en nuestra cabeza, no nos permite ver la realidad.

¿Y SI NO VUELVO A ESTAR BIEN?
¿ESTOY SIENDO INJUSTO?
¿DE VERDAD ESTOY SIENDO
RAZONABLE? ¿MIS EXPECTATIVAS SON
DEMASIADO ALTAS? ¿ENCONTRARÉ
ALGO MEJOR? ¿Y SI NO ME DEJA
DE DOLER? ¿Y SI LO EXTRAÑO?
¿DEBERÍA SEGUIR INTENTÁNDOLO?
¿CUÁNTO ES SUFICIENTE?
¿ESTOY DESAPROVECHANDO UNA
OPORTUNIDAD?

Son preguntas que normalmente llegan a nuestra vida cuando hemos aguantado tanto que nos volvemos inseguros.

¿CUÁNDO SERÁ MÁS FÁCIL RENDIRNOS?

Nunca será fácil rendirnos, por algo le damos tantas vueltas, pero mientras más preguntas honestas nos hagamos, más fácil será ver la verdad (ojo, dije «ver la verdad», no rendirnos). Mientras más seguros estemos de lo que aportamos a los demás —si nos sentimos a gusto con nuestros conocimientos y el provecho que le sacamos a lo mejor de nosotros—, será más fácil terminar algo que no alimenta nuestro crecimiento personal. Ejemplo: Tratas de entablar una conversación para ver cómo puedes mejorar tu relación, pero cada que lo intentas tu pareja solo te culpa o ataca. Estás poniendo de tu parte, quieres arreglar problemas; cuando la relación termine (sí, va a terminar) te sentirás más seguro al recordar que hiciste lo que creíste correcto.

«Héctor, ¿cómo voy a cortar a mi novio si hemos pasado por tanto? Hemos tenido momentos malos, sí, pero también tenemos mucha historia».

Si de pronto te cuestionas todas estas cosas, no te asustes, es normal. Sé honesto y piensa de quién estás realmente enamorado:

- De la persona que está en esas historias y vivencias.

- De la persona que tienes frente a ti justo ahora.

Es importante que recuerdes que eres parte de la ecuación y si tú aportas algo positivo a una oficina, a una amistad o a una relación, sigues teniendo esa parte positiva que debe ser respetada y apreciada. Es tuya y no te la pueden quitar aunque te corran o te corten, porque te hace TÚ.

Y TÚ eres a quien quiero hacer sentir bien con este libro, pero me tienes que dejar. ¿Qué dices?

CON QUÉ NO TE PUEDES RENDIR

Debemos reconocer algo muy importante: existen conceptos y realidades con las que no podemos rendirnos, aquello que nos ayuda a definir nuestra existencia, nos da fuerza o simplemente no está en nuestras manos.

Educación. Ya tienes el conocimiento, recuerda que no eres un disco duro que puedas borrar. Mejor aprovecha lo que ya has aprendido. Solo usa tu memoria en cosas que te sirvan y en buenos memes.

Ética, valores y principios. La ética no es lo que te mueve, es lo que te forma. Puedes cambiar para bien y mutar tus ideales, los cuales te deben dar el sentido de lo correcto. Lo correcto es que estés bien contigo mismo respetando a los demás. Toma decisiones con base en tus principios en vez de en tu humor o estado de ánimo (puedes estar enojado o emocionado, pero tus principios te regresarán a la realidad).

Fortalezas. Puedes ignorarlas de acuerdo con tus gustos, pero no rendirte con ellas. Nunca sabes cuándo te pueda salvar algo para lo que ya eres bueno. No tiene nada de malo ser bueno en algo que no te apasiona; si ya lo eres, aprovéchalo.

Logros y autorreconocimiento. Acepta cuando

trabajaste en algo y ya rindió frutos. No puedes quitarte el crédito, disfruta de los resultados sin culpa. No te puedes rendir si ya tienes la medalla en el cuello, si ya te acabaste los burritos de machaca con huevo, si ya estás dándole la mano al director de tu carrera mientras te entrega el diploma (total, baila en la graduación y disfrútalo). Sí, puedes buscar un trabajo que no tenga nada que ver con lo que estudiaste si crees que eso te hará feliz. Las pequeñas victorias cuentan y no te puedes rendir cuando ya pasaste la materia (estudiaste, aunque la odiaras).

Tu mente. En realidad vives ahí, tu cuerpo es solo el vehículo. Mantenla sana, porfi.

Tu salud. Es la pila para todo lo que quieres lograr. Si tienes la fortuna de poder usarla como tú quieras, dale buen mantenimiento.

Sociedad. Son las reglas del juego. Si estás haciendo todo por ser reconocido por el sistema, no te queda de otra que cumplir. No te puedes rendir con la sociedad, pero sí con algunas relaciones sociales y las reglas o normas que no sean propiamente leyes. No te puedes rendir con las leyes, pero puedes trabajar para cambiarlas, a fin de que se ajusten a la realidad de tus tiempos; recordemos que por ley las mujeres no podían votar o que la esclavitud estaba permitida.

Amor. El amor no ata, no restringe ni detiene. Una relación debe inspirarte, hacerte sentir acompañado y seguro de lo que estás haciendo.

Contigo. Te puedes rendir con casi todo, menos contigo. Puedes rendirte para recuperar energía, para cambiar de estrategia y seguir en tu único proyecto irremplazable: TÚ.

Tu identidad. La sociedad va a tratar de decidirla por ti, pero como es 100% tuya, puedes hacer lo que te dé la gana. No te puedes rendir con ella, pero sí la puedes adecuar a lo que te haga sentir mejor.

Tus hijos (si los tienes o planeas tenerlos). Nunca te rindas con ellos, no dejes de hablarles, no te desconectes. Puedes rendirte con las expectativas basadas en las imposiciones sociales sobre lo que deben ser sus decisiones, relaciones, etcétera. Ríndete con eso y dedícate a conocerlos. Deja ir la historia que creaste en tu cabeza antes de que nacieran, cuando pensaste cómo iban a ser sus vidas sin siquiera tomar en cuenta sus metas y habilidades. Tus hijos no tienen la culpa de tu grandiosa imaginación.

Responsabilidades que afectan a los demás.

Para esto se necesita empatía, sentido común y un buen criterio. Si ya les regalaste un perrito a tus hijos, no te puedes rendir con cuidarlo. Si ya decidiste tener hijos, no te puedes rendir con darles tu apoyo. Todos tenemos ese amigo que se hace el payaso a la hora de pagar deudas; ahí no se puede hacer borrón y cuenta nueva.

Si te sientes más atorado que feliz, es un buen momento para considerar tus objetivos y las vueltas que has dado en el camino, siempre tomando en cuenta que todo tiene consecuencias.

CÓMO IDENTIFICAR CUÁNDO DEBES RENDIRTE

Hay que ser muy valiente para darse cuenta de que llevas tres años en una relación que ya no te hace feliz. Pasaste aniversarios, cumpleaños, conciertos, peleas; has vivido momentos inolvidables,* superaste situaciones difíciles y sabes que estás con alguien que te conoce muy bien y te complementa en algunos aspectos, pero ya no te hace feliz.

Se requiere mucha determinación para tener esa conversación contigo mismo sobre los dos años que llevas en una carrera que te ha hecho trabajar como nunca: has dejado de hacer otras actividades para dedicarle todo tu tiempo, has dejado tu sudor y esfuerzo en el salón. Una carrera en la que has hecho contactos, invertido dinero y adquirido muchísimos conocimientos, pero que al final no te hace feliz, porque una vez que lo pensaste bien ya no te lo puedes sacar de la cabeza.

Se requiere valentía porque cuando aparece ese pensamiento por primera vez no hay nadie con quien puedas hablarlo, estás a solas. Como no hay quien apruebe nuestros pensamientos e ideas, nuestras inseguri-

---

* Ajá, difíciles de olvidar porque fueron geniales, pero no se trata de olvidar, sino de superar. Eso es un logro y recuerda que no te puedes rendir con algo que ya lograste. Paradoja de los amores malogrados.

dades nos hacen creer que estamos locos, que alguien más debe decirnos que cambiemos de carrera, renunciemos a nuestro empleo o cortemos a nuestra pareja. Si nadie más lo dice, pensamos que somos malagradecidos.

Pero la verdad es que, a menos que atrapes pájaros y les pongas ropita para que sean vecinos de tu Barbie o le vayas al Cruz Azul si naciste en Monterrey,* probablemente tomes decisiones bien pensadas. La mayoría de la gente sufre con estas decisiones porque piensa en sus consecuencias y considera a los afectados.

Por culpa de esa mala fama que tiene dejar las cosas «a medias», toleramos situaciones que no deberíamos durante mucho tiempo. Nos cuesta trabajo reconocer o identificar cuando estamos en una de ellas, así que estas son algunas de las posibles señales de que estás atrapado:

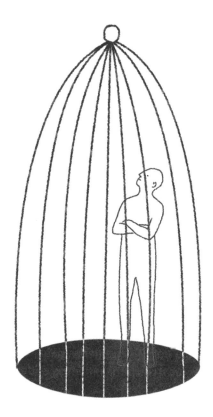

---

* Esta es de las pocas referencias al futbol que leerás. Es un chiste y si le vas al Cruz Azul, quiero que sepas que NO estás loco, solo eres demasiado fuerte para tu propio bien.

IDENTIFICA CUÁNDO DEBES RENDIRTE

Cuando te sientes insatisfecho o aburrido

Si tu empleo ya no representa un reto, llegan el aburrimiento y el descuido, comienzas a preguntarte por qué tienes que pasar todo el día haciendo lo mismo, por qué es tan importante llegar temprano, si vale la pena lo que estás haciendo, si deberías continuar, y piensas que tal vez podrías limpiar albercas, que siempre te ha gustado hacer cupcakes y podrías venderlos en el parque... ¡Alto! Todo esto es una distracción porque el trabajo que tienes ya no te entusiasma, así que el pensamiento en realidad puede ser «Me estoy cuestionando todo para no trabajar, debería trabajar más».

No, tampoco se trata de llenarnos de trabajo para bloquear estos cuestionamientos y seguir dopados con pendientes que nos distraigan de lo que de verdad queremos hacer, sino de ver la posibilidad de crecer de manera profesional y que esto nos motive a seguir, a mejorar y a realizarnos laboralmente.

Estamos acostumbrados a sentirnos culpables o a pensar que hacemos menos solo porque una tarea se nos facilita o porque la estamos disfrutando. Es normal encontrarnos con compañeros de trabajo que dedican todo su día a las mismas tareas que nosotros y logran los mismos resultados en mayor tiempo; sin embargo, ellos sienten que hacen más solo por trabajar más horas, por trabajar más lento. Una cosa es estar ocupado y otra muy diferente es estar satisfecho cumpliendo con lo necesario.

Cuando es más importante el reconocimiento que el destino

¿Estás en el equipo de natación porque te gusta nadar y sueñas con ser una sirena, o solo nadas por la presión de tus papás para que ganes una competencia? Si es por las dos cosas, entonces ¡genial! No debemos «sacarle» a estos cuestionamientos, no debemos temerles o avergonzarnos, pero sé honesta: ¿para quién es esa medalla?

Cuando intentamos probar un punto que no depende de nosotros

Un ejemplo muy conocido es el de la pareja estadounidense que decidió renunciar a su trabajo para recorrer el mundo en bicicleta y probar que toda la gente en el planeta Tierra es buena y noble.* Aunque tuvieron buenas experiencias —como que un hombre en Kasakh les regaló helados—, no todo el mundo fue amable como ellos creían; en el día 369 de su viaje fueron atacados en Tayikistán. ¿Recuerdas a la chica que intentó probar que los veganos podían hacer lo mismo que cualquier otra persona, trató de subir el Everest y falleció antes de lograrlo? No puedes probar un punto sin considerar la situación sociopolítica de un país en conflicto o las necesidades básicas del cuerpo humano durante un esfuerzo sobrehumano, estos no dependen ti. No seas necio.

Cuando nada es emocionante

Sientes que ya no puedes crecer, que ya topaste con pared y que el resto de tus días serán exactamente iguales. Por otro lado, si la idea de que todos tus días sean iguales no te aterra, quiere decir que eres feliz en donde estás y no debes dejar que la visión de otras personas te afecte al momento de decidir si te quedas o te vas.

Es importante recordar que todos necesitamos distintos estímulos en nuestra vida laboral. Algunas personas son felices al cambiar de trabajo y probar nuevas cosas; otras, al especializarse en lo que ya saben hacer, y algunos más inventan su propio empleo. Si te sientes bien con lo que haces, recuerda que siempre puedes aprender; para algunos eso es una meta y se sienten atrapados cuando dejan de aprender. Solo no olvidemos que el aprendizaje debe ponerse en práctica; por no hacerlo, mucha gente no sabe vivir fuera del mundo escolar: viven de becas mientras buscan otras becas, viven aprobando exámenes creados por gente igual a ellos, porque cuando ponen un pie en el mundo laboral, se dan cuenta de que no saben aplicar todos esos conocimientos.

---

* Rukmini Callimachi (2018). A Dream Ended on a Mountain Road: The Cyclists and the ISIS Militants. Recuperado de https://www.nytimes.com/2018/08/07/world/asia/islamic-state-tajikistan-bike-attack.html

Cuando sientes que no puedes ser tú mismo

Si algo o alguien te detiene de ser auténtica en lo que haces, en lo que dices o en tu visión de vida, es momento de irte. Si tu pareja te censura, si sientes que todo lo que dices podría ser interpretado de manera incorrecta o que podrías ofender a alguien siendo quien eres, es momento de dejarlo ir.

Cuando odias tu empleo

Ya sabes, si trabajas ocho horas diarias durante el tiempo suficiente, un día llegarás a ser el jefe y trabajarás doce horas diarias.

Tal vez nuestros padres no tuvieron las mismas oportunidades que nosotros para encontrar un camino que, además de permitirnos pagar las cuentas, nos haga sentir contentos. Aprovecha que las cosas han cambiado y ahora puedes elegir algo que te permita pagar el internet y disfrutar lo que haces.

Nadie te está haciendo un favor al contratarte. No está mal trabajar sin sueldo durante un tiempo para aprender o para encaminarte a cumplir un sueño, pero si sientes que la ecuación de lo que trabajas por lo que obtienes a cambio no tiene sentido, puedes preguntarte lo siguiente y buscar alternativas:

- ¿Aún te diviertes?

- ¿Aún estás aprendiendo?

- ¿Aprecian tu esfuerzo?

Cuando tu relación apesta

Nadie quiere escucharlo, pero debo decírtelo. Si tu pareja deja de inspirarte o no reconoce lo que haces por la relación, no significa que uno de los dos sea mala persona; simplemente no son compatibles y no ven de la misma manera los problemas. Tal vez tengan diferentes prioridades y, aunque a veces nos gusta culpar al tiempo u otros factores externos, quizá solo sean dos caminos que debían cruzarse pero no para mantenerse unidos.

También, si empieza a dedicarte canciones de John Mayer o deja de hacerlo, ahí sí: ¡aguas! Checa muy bien de qué canción se trata...

Cuando tus amigos no son tus amigos

No lo hago por lastimarte, pero alguien tiene que hablar de las cosas crueles. Un día te das cuenta de que aquellos que considerabas tus amigos realmente no lo son (sí, este fue un clavo directo al pechito). A veces mantenemos la amistad viva solo porque ha durado muchos años, seguimos siendo amigos de alguien que ya ni nos cae bien. Estas amistades que solo se sostienen de recuerdos pueden llegar a ser tóxicas y, la verdad, bastante incómodas. Un caso muy conocido es el de la exviner Amanda Cerny, que anunció que dejaría su amistad con una de sus mejores amigas al descubrir que borraba sus videos más populares cuando la dejaba a solas con su celular (ejemplo cruel). Hay cosas peores.

Si a mí no me crees, aquí va un estudio

En ocasiones debemos tomar distancia para ver nuestra situación «desde afuera», ver cómo funciona a largo plazo lo que nos negamos a dejar. Una banda de sociólogos de la Universidad del Sur de California descubrió que demasiada perseverancia puede ser costosa.

«Una persona promedio deja de insistir cuando no hay buenos resultados después de mucho tiempo, pero alguien persistente decide esforzarse aún más, lo cual puede ser contraproducente».[*]

Un claro ejemplo de esto se encuentra en un examen: las personas perseverantes prefieren dedicarle más tiempo a una pregunta de la cual no conocen la respuesta que aplicarse en las que sí pueden responder, pierden tiempo y puntos por aferrados, poniendo su mayor esfuerzo en el lugar equivocado. Otro ejemplo es la hinchada del Cruz Azul.

Los individuos más persistentes se concentran en pasos individuales del proceso o en maneras específicas de hacer las cosas, no toman distancia

---

[*] Amy Morin (2016). Study: Having Too Much Grit Could Actually Cause You To Fail. Recuperado de https://www.forbes.com/sites/amymorin/2016/02/06/study-having-too-much-grit-could-actually-cause-you-to-fail/#4232fd338311

Debemos tomar distancia para ver nuestra situación «desde afuera».

para ver el panorama general, se desconectan del pensamiento racional y no ven a largo plazo. Lo anterior es la falacia de los costos hundidos; si te interesa saber más, ve a la página 115.

Bueno, ahora ya sabemos de qué hablamos cuando hablamos de rendirnos, cuándo y cómo rendirse y por qué hay cosas con las que no lo haremos nunca. También sabes cómo usar este libro. Creo que es momento de avanzar, continúa a la siguiente página o vuelve al índice para probar con algún tema en particular.

EMPEZAR

Para poder rendirte, primero tienes que empezar algo. Si te «rindes» antes de haber comenzado, antes de intentar, antes de haber preguntado o investigado, antes de poner tus habilidades y conocimientos a prueba, entonces no te rendiste, solo **eres un huevón con mucha imaginación.**

Queremos empezar siendo los mejores, no queremos que nos vean vulnerables, dejamos de preguntar para que nadie note que tenemos dudas, queremos fingir que llevamos años en la jugada, queremos sustituir la experiencia con apariencia. No te conviene ser el mejor cuando inicias, porque te pierdes el aprendizaje, la diversión del proceso, los retos y los golpes emocionales que nos genera ganar y a veces incluso perder, los consejos que te puede dar quien ha sido «el número uno». Es mejor que seas el peor en algo, porque eso quiere decir que comienzas y que a partir de ese momento solo vas a mejorar. No puedes empezar en primer lugar, solo desde donde estás ahora. Pero debes comenzar.

AÚN NO ESTÁ LISTO

No puedes guardarte todo por miedo a que no sea lo mejor que vayas a hacer. No puedes guardar tus canciones esperando a que te firme una disquera. ¿Cómo, si no dejas que nadie te escuche?

¿Crees que sacar una mala canción va a arruinar tu carrera? ¿Cuál carrera? Lo que arruina una carrera musical es NO SACAR ninguna canción. Nadie puede ver tu trabajo, nadie sabe lo que haces. Si trabajas sin mostrarlo, entonces tienes el mismo público que tu amigo que canta feo en la regadera. Los escucha el mismo número de personas: CERO.

Si no haces nada con tus ideas ni con tus planes, va a llegar el día en el que alguien lo hará. Tal vez lo haga peor de lo que tú lo hubieras hecho y tendrá el éxito o los resultados que tú buscabas, pero ¿adivina qué? Como no hiciste nada, no tienes derecho a opinar ni a juzgar, solo te vas a frustrar y dirás una de las frases mas tristes del mundo: «Yo lo hubiera hecho mejor».

El peor enemigo de cualquier persona que quiere comenzar algo son sus propios planes. Las ideas no sirven si no se usan. No quiero decir que no es bueno tener dirección en la vida y que todo lo debes improvisar, pero si vas a hacer un plan porque realmente deseas conseguir algo, te lo ruego, apunta entre tus primeros pasos para llevarlo a cabo: «EMPEZAR».

Empezar algunos proyectos es difícil, continuar es complicado y mantenerse lo es aún más. No, a veces no hay partes fáciles, pero esto no significa que todo será doloroso y no valdrá la pena. Ya hablamos de que hay cosas que nos resultan fáciles y no por eso están malhechas o no son importantes. Ocurre lo mismo con lo complicado: no porque te cueste más trabajo quiere decir que es más significativo o útil. Así que deja de pensar si algo será fácil o difícil, deja de perder el tiempo resolviendo ecuaciones en el aire y comienza de una vez.

No te recomiendo ahorrarte pasos. La mayoría de veces es necesario que recorras todas las etapas, que pises todas las casillas del tablero. No puedes solo ir flotando hacia el éxito, ni que fueras Magneto (y hasta él tuvo momentos más que complicados, ¿verdad, Juggernaut?).

LA JUNTA DEL FUTURO

Durante una comida, un amigo y yo planeábamos un proyecto que, según nosotros, se volvería una empresa en poco tiempo. Nuestra conversación (e imaginación) nos llevó a cinco años en el futuro. Mi amigo estaba preocupado por cómo actuaríamos si en algún momento tuviéramos que lidiar con alguna empresa gigante de esas que te destruyen si amenazas su hegemonía

«No aceptes crítica constructiva de alguien que no ha construido nada».

monopólica imperialista, ofrezcas o no un mejor servicio. La discusión llegó lejos: teníamos un posible plan de acción en caso de un bombardeo en contra de nuestro proyecto, pero no sería fácil. Cuánta presión, ¿podríamos con el reto? ¿Lograríamos vencer a la *máquina*?

No sé. Nunca iniciamos, nunca hicimos nada al respecto porque estábamos preocupados por la competencia imaginaria y los problemas que —ojalá— alguna vez hubiéramos podido tener (créeme, competir contra una empresa gigante en cualquier ámbito es un problema que muchos quisieran y pocos llegan a tener). Como desde antes de empezar ya nos preocupaban problemas que llegarían años después, nos quedamos resolviendo dudas que aún no existían. O sea... perdimos el tiempo.

¿Sabes quién perdió su tiempo también? Nuestro amigo Roberto, quien no quería comenzar a programar su gran idea para una aplicación hasta que estuviera 100% convencido y seguro de cada pequeño aspecto, sin tomar en cuenta que la industria de las aplicaciones móviles cambia cada semana y todo lo que tenía trabajado se volvería obsoleto para cuando decidiera actuar. Fue taaan precavido que no hizo nada. (Si tienes miedo a que te ocurra algo así, tranqui, podemos resolverlo en el capítulo de las porterías). Saludos, Roberto.

LA LIBRETITA DEL MAL

Durante sus viajes, Colin anotaba todas sus ideas en una pequeña libreta; llevaba ya 200 páginas escritas a lo largo de cuatro años. No hablamos de ocurrencias, Colin tenía grandes ideas: cómo mejorar la empresa de su papá; las recetas más increíbles para cuando tuviera su propio restaurante; pedazos de canciones que algún día juntaría para crear una obra maestra; unas 15 ideas de cortometrajes que al llegar a Barcelona volvería guiones, grabaría, editaría y distribuiría; nombres de canciones de reguetón que después bajaría (ok, esta no es una idea grandiosa), y una lista de personajes ficticios a los que les daría una historia en la cual podrían vivir.

Imagina el valor de esa libreta. Todos sus planes e ideas estaban ahí, sería una pena que... (oh sí, aquí viene)... se perdiera. Un descuido instantáneo al bajarse del metro y se quedó sin nada. Perdió el trabajo de cuatro años. Sí, es importante anotar tus ideas y tus metas, pero es más importante llevarlas a cabo; si no, en vez de «planes» tendrás que llamar «ficción» a tus notas.

Yo soy increíblemente descuidado y me ha pasado lo mismo, pierdo notas o desaparecen documentos llenos de detalles y planes, pero he aprendido a sentir un alivio enorme cuando desaparece una gran carga de cosas que nunca llevé a cabo ni necesité. Me he dado cuenta de que mientras más corta sea la distancia o la espera entre mis ideas y la realidad, es más fácil que todo eso suceda.

«Hecho es mejor que perfecto».*

«Las ideas tienen fecha de caducidad».**

TENGO UNA GRAN IDEA

Lo he aprendido por las malas, antes siempre me pasaba: contaba mis sueños y metas, MALA IDEA. Mejor trabajar en ellos y compartir los frutos. No tiene nada de malo compartir lo que te mueve y apasiona, lo que sí es malo es quedarte solo con la satisfacción de contar la idea sin hacer nada con ella. Si planeamos hacer las cosas por los aplausos, si nos visualizamos siendo felicitados, entonces cuando le contemos la idea a alguien y nos felicite por haberla planeado, ya habremos obtenido lo que queríamos sin haber hecho absolutamente nada. Por eso es importante saber realmente qué te motiva (pero de eso hablaremos más adelante). Ajá, el hecho que vale más que mil palabras.

Siempre vas a tener mil razones para no empezar. Hasta un «Todo está bien así» es una muy buena razón para no comenzar con algo que supone un riesgo. Y nadie te va a dar una buena razón para hacer las cosas que no son claramente buenas o redituables, es tu responsabilidad encontrar el porqué de tus acciones raras y arriesgadas.

---

* https://www.goodreads.com/quotes/749769-done-is-better-than-perfect

** https://www.brainyquote.com/quotes/john_c_maxwell_600885

Felicidad, pasión, tranquilidad o hasta curiosidad son algunos buenos motivos para comenzar, pero no los olvides a la mitad del camino. Sigue usándolos como combustible y si no sabes qué empezar, entonces aprovecha las miles de posibilidades que tienes a la mano, no te quedes imaginándolas.

RECUERDA:

- Hecho es mejor que perfecto.

- Las ideas tienen caducidad.

- No puedes rendirte en algo que nunca intentaste.

SÉ HONESTO

¿A los cuántos libros vas a estar listo? ¿A las cuántas conferencias vas a estar lista? ¿A las cuántas maestrías vas a buscar trabajo? Gary Vaynerchuck* pregunta en sus conferencias a los asistentes: «¿Quién del público tiene su idea lista para ser ejecutada?», y corre a quienes tienen levantada la mano y les reclama: «¡¿Qué haces aquí?! Deberías estar ejecutando tu idea».

Nos engañamos al agregar pasos secretos, pasos extra a nuestra lista de requerimientos para *ahora sí ya estar listos*. Nos convencemos de que necesitamos un nuevo programa de edición, de que la luz no es la indicada, de que nos debemos mudar de departamento porque se escuchan ladridos a la hora que queremos grabar. Nos ponemos fechas límite después de algún evento lejano que aún no tiene fecha o hacemos que dependa del calendario de alguien más para así poder culparlos por no empezar. Nos inventamos obstáculos que en realidad son excusas. Nos convertimos en **PROCASTINATRÓN**.

«Pero, Héctor, yo quiero empezar a hacer videos en YouTube». ¿Ya tienes todo para empezar? ¿Entonces? ¿Qué haces aquí? ¡Ya siéntese a editar, señora! Puedes culpar a tu cámara no tan nueva o a tu habilidad de edición, pero al final del día estos son solo objetos y herramientas; quien decide

---

* Gary Vaynerchuk (1979). Emprendedor, pionero en *marketing* digital y medios sociales.

usarlos o no eres tú. Alguien que comienza con una cámara no tan buena ya lleva la delantera comparado con alguien que sigue esperando el «equipo perfecto» para comenzar.

Está esa gente que se sienta dos años a analizar cómo funciona YouTube y decide investigar, preguntarles a expertos los *tips* para ideas que aún no tienen forma. Está bien, siempre y cuando tomen en cuenta esos *tips* y generen contenido, pero es más importante observar cómo te sientes en cada paso del proceso creativo. En mi humilde e ignorante opinión, solo así generas una voz propia y además creas algo sin tanto rodeo.

Pedirle consejos a un experto cuando aún no has comenzado tu proyecto

es malgastar recursos. Te preocupas por qué van a pensar los clientes si aún no tienes un sillón en tu oficina. ¿Quién se va a sentar ahí si aún no tienes clientes? Sientes que necesitas un asistente, pero aún no tienes agenda. ¿En qué te va a asistir? Les tenemos miedo a las cosas que quizá nunca pasen, y así este futuro inexistente define nuestro verdadero futuro y nos paraliza, arruinando el presente.

JAMÁS ESTARÁS LISTO

No lo suficiente. No hay un día perfecto en el calendario para lanzar tu primer sencillo, subirte a un escenario o decirle lo que sientes a tu *crush*. Eso simplemente no existe. El mejor lugar y momento para comenzar es justo donde estás ahora. Lo que sí existe es el momento indicado: el momento en el que decides hacer las cosas.

NO TIENES DERECHO A COMPARAR

He aprendido que de nada sirve compararte con alguien que empezó su proyecto, su trabajo o su relación antes que tú. Solo tú puedes decidir cuándo iniciar. No existe el momento perfecto, solo existe el momento en el que comenzaste y a partir de entonces debes decidir seguir. No es culpa de nadie más, tal vez ni siquiera tuya, estar donde estás; lo que sí es culpa nuestra es cuando no actuamos y tratamos de culpar a alguien que vive su camino solo porque nosotros no lo hacemos.

Lo más probable es que estés en el lugar adecuado para alcanzar lo que quieras, siempre y cuando hagas algo al respecto aquí y ahora. El presente es el único momento indicado para comenzar.

NO TIENES DERECHO A DISCUTIR

Me encanta filosofar, como *hobbie*. Pero a veces pensar demasiado las cosas y basar nuestras decisiones en preguntas que se hacían señores griegos de hace muchos años nos puede hacer tambalear cuando tratamos de ser objetivos al elegir nuestro camino. Créeme, vi *Merlí** completa en dos semanas.

Es común que cuando decidimos empezar nos detengamos a intentar responder preguntas sumamente subjetivas o perdamos tiempo buscando señales escondidas en lo que nos dicen nuestro *crush*, ex o guía espiritual. Creo que podemos responder algunas de estas preguntas con otras preguntas solo para darnos cuenta de que no importa cómo sean respondidas.

Digamos que sí, que así se comunica porque es cool y rara a la vez. ¿Qué va a pasar cuando andes con ella? Si así resuelve los conflictos, en vez de decirte lo que le molesta te va a poner letras de canciones en sus redes sociales y con ellas tendrás que formar oraciones para saber por qué no te habla. Es el tipo de persona que en lugar de decirte que no dejes tu abrigo en el sillón de la sala, te lo esconde *para que aprendas una lección*. Una lección que no sabes que estás aprendiendo porque estás preocupado buscando el perro abrigo, pero bueno, ya me enojé, sigamos...

La gente que conviene tener cerca no da señales ni utiliza códigos secretos para que conozcas sus intenciones contigo; simplemente hacen, dicen y están presentes o no.

Hay un libro muy bonito sobre toma de decisiones, productividad y no perder el tiempo. Se llama *Cómete esa rana*, una analogía acerca de hacer lo que menos nos gusta al principio del día: si lo que más odias de tus responsabilidades es comerte una rana, cómetela apenas te levantes y vas a ver cómo el resto de tu día será mejor. Obviamente hay que trabajar y aprender para que no tengamos que comer rana en el futuro.

No te distraigas de lo que quieres, de lo que te hace bien, con trivialidades sin sentido. Está bien sentarnos a pensar en el significado de la vida mientras no afecte tu estabilidad emocional ni tu bolsillo.

---

* *Merlí*, una muy buena mezcla de filosofía con RBD, es una serie española (2015-2018) que trata sobre un profesor de filosofía que estimula a sus alumnos a pensar libremente mediante métodos poco ortodoxos.

¿UN EMPRENDEDOR NACE O SE HACE?

¿De verdad existe la respuesta a esta pregunta?

¿Si no naciste emprendedor, entonces vas a dejar de hacer las cosas?

¿SU CONTENIDO ES BUENO O MALO?

¿Quién soy yo para decidir qué contenido es de calidad y cuál no?

No existe lo bueno y lo malo, existe lo popular y lo que nadie ve.

¿KYLIE JENNER DE VERDAD LOGRÓ SER BILLONARIA POR SÍ MISMA?

Si sí, qué bueno. ¿Si no? ¿Vas a ir a una de sus mansiones a revocarle su credencial de billonaria?

MI CRUSH PUSO UN TUIT CON UNA CANCIÓN. ¿QUÉ ME QUIERE DECIR?

Si tiene tu WhatsApp, ¿de verdad crees que no te va a escribir directamente lo que piensa?

LE ROBÉ A
MI HERMANO

Volver a empezar

Cuando tenía diez años, *Pokémon* comenzaba a conquistar el mundo. Yo no sabía dibujar otra cosa y era lo único que veía en la televisión; mis amigos de la primaria tenían ya la versión roja, azul, dorada y plateada para Game Boy.

No me puedo quejar: Santa siempre ha venido a mi casa (hasta la fecha aún llega, cuando paso Navidad en casa de mis papás), pero cuando era pequeño solo había tres fechas en todo el año en las que podía esperar regalos: Navidad, mi cumpleaños y el Día del Niño.

Era mayo y me estaba volviendo loco. Veía la serie religiosamente, tenía algunas de las barajitas, manejaba bien el asunto. Hasta me aventé la película en japonés con subtítulos en inglés en una convención de cómics (nop, no entendí bien lo que decían, pero cómo me emocionaron las imágenes). Era un gran fan, pero nunca había jugado el juego para Game Boy. Una noche decidí cometer uno de los pecados mortales y le robé 150 pesos a mi hermano, que tenía cinco años en ese tiempo. Al día siguiente le pedí a mi papá que me llevara a la pulga donde vendían juegos que aún no llegaban a las tiendas de México, y con 200 pesos de mi cumpleaños y los 150 del gran robo me compré la versión amarilla (la de Pikachu).

No tenía Game Boy, así que jugaba en la tele (¿recuerdas que lo podías conectar a un adaptador mientras jugabas Pokémon Stadium?). Avanzaba, pero a paso lento. Solo era feliz por poder jugarlo. Fue el único juego en el que conseguí tener los 151 pokémones, una gran hazaña para un juego portátil que yo solo podía jugar en casa. Después de varias semanas, lo terminé.

Y ahí, a mis diez años de edad, llegó una cuestión filosófica: ¿y ahora qué? Ya había terminado el juego, tenía todo lo que necesitaba para ser feliz, pero no lo era. Fui feliz atrapándolos y venciendo a los maestros Pokémon, recorriendo las verdes praderas de la región Kanto, paseando en bicicleta por el Pueblo Paleta, pero ahora no tenía nada que hacer, solo volverme más fuerte. Ya nadie podía ganarme, y me di cuenta de que ser poderoso e indestructible no era tan divertido después de todo. No lo pensé demasiado: decidí borrarlo para empezar de nuevo y jugar con la misma emoción, volver a pasar el primer gimnasio, usar diferentes estrategias para ganar mis primeras batallas y concentrarme en disfrutar más el juego.

Así deberíamos tomar decisiones: aceptar que disfrutamos algo y entender que la meta no es capturar 151 criaturas en un videojuego, sino pasar un buen rato.

LOS ABOMINABLES EMPRENDEDORES SERIALES

Hay personas que cuando inician un negocio ya están pensando en estrategias para su siguiente víctima-proyecto. Antes de liquidar el primero ya tienen planeados varios más, su proceso no tiene fin y parece que viven en el futuro: un paso adelante de los demás. ¿Cómo logran salirse con la suya? Algunos usan su nombre, fama o reconocimiento; otros utilizan los conocimientos obtenidos en sus anteriores proyectos exitosos: repiten caminos con variaciones, se valen de nuevas ventajas, aliados adquiridos, etcétera. Estos son algunos emprendedores seriales y sus proyectos:

Andreas von Bechtolsheim:
Sun Microsystems, Arista, Granite Systems, Kealia

Elon Musk:
Tesla Motors, SpaceX, PayPal

Richard Branson:
Virgin Mobile, Virgin Records, Virgin Airlines

Mark Cuban:
Landmark Theatres, Magnolia Pictures, Los Mavericks de Dallas

Oprah Winfrey:
Oxygen, The O, OWN

Max Levchin:
PayPal, Affirm

Jack Dorsey:
Twitter, Square

Un emprendedor serial entiende que él es más importante que sus proyectos, crea compañías (muchas veces al mismo tiempo) y, aunque algún proyecto fracase, obtiene conocimientos de la experiencia. Conocemos muchísimas historias de éxito, pero rara vez nos cuentan la parte oscura, esa en la que estos héroes tuvieron que detener su camino por unos años o cuando decidieron hacer una meta a un lado para crear el producto por el que los conocemos ahora. Tuvieron que dejar de hacer algunas cosas para concentrarse en esto que ahora rinde jugosos frutos. Un bonito ejemplo:

Richard Branson. Uno de mis emprendedores favoritos, a la corta edad de 14 años se dio cuenta de que no encajaba en el formato educativo tradicional y se salió de la escuela. ¿Y qué hizo con todo ese tiempo libre?

- Jugar videojuegos.

- Ver televisión.

- Ocuparse en encontrar el amor.

- Fundar la disquera que llegó a ser la más poderosa del mundo solo para dar inicio a la creación de un imperio que incluye compañías telefónicas, aerolíneas, hoteles y hasta naves espaciales.

Se rindió con la escuela, sí, y se volvió a rendir cuando intentó competir contra Coca-Cola vendiendo Virgin Cola. Al darse cuenta de que era imposible y de que aún resultaba redituable ser el líder en otros ámbitos, lo dejó a un lado y continuó. Otros negocios con los que se rindió para seguir siendo el mejor en otros ámbitos fueron ropa para novias, viajes en globo y hasta cómics.

Cuando tú empieces de cero seguirás teniendo los conocimientos de la carrera que dejaste, las historias en la ciudad de la que te mudas, a tus amigos y familia e incluso el crecimiento emocional que te dejarán tus relaciones «fallidas».

ACOMPÁÑAME A LEER ESTA TRISTE HISTORIA (sobre las relaciones fallidas)

¿Alguna vez trataste de cambiar a alguien con todas tus ganas y nunca lo lograste? Ah, pero eso sí, se va de tu vida y resulta que ahora sí disfruta el *stand-up*, le gusta hacer ejercicio y ya no es alérgico a los perros. No hablo de cambiar la personalidad o la esencia de la persona, sino de cosas más simples como bajarle al escusado, ponerse desodorante o levantar la ropa sucia. Pequeños detalles que se vuelven una bola de nieve bastante molesta. Nada bueno resultó entre ustedes y terminaron, pero su nueva pareja no tendrá que pasar por las mismas discusiones que tú. Porque el cabrón o la cabrona ya aprendió que a la gente no le gusta cuando se sacan los mocos y los avientan al piso (sí, existen personas así).

Si tienes un buen novio o una buena novia, agradécele a sus ex. Algo habrá aprendido de sus relaciones pasadas para ahora no cagarla tanto como con ellos. Te estás ahorrando peleas gracias a esas «relaciones fallidas» y seguramente hay cosas que tú ya no haces porque sabes que alejan a tus seres queridos. Nos volvemos menos egoístas.

EN RESUMEN:

No quieres repetir el camino en el que ya te caíste varias veces, tienes frente a ti la posibilidad de comenzar uno distinto con todo lo que has aprendido. Es más fácil comenzar de nuevo si dejas atrás patrones que te persiguen porque no sabes cuándo detenerte. No permitas que factores externos a ti te obliguen a entender:

- Quedarte sin dinero para el proyecto (me ha pasado)

- Que tus amigos te dejen de hablar (me ha pasado)

- Que tu ex te diga: «¡Deja de buscarme!» (me ha pasado)

Por cierto, tardé unos años, pero le pagué el dinero a mi hermano, con intereses. Valió la pena.

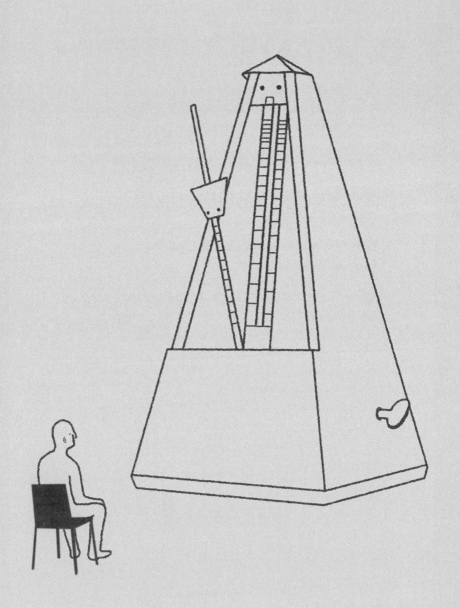

NO LE ADELANTES A LA PELÍCULA

Respeta el tiempo de las cosas

¡EY, EY, EY! ¿POS QUÉ TE TRAES?

No te presiones tanto, todo llega a su tiempo, especialmente si trabajas para obtenerlo. No porque tengas prisa vas a lograr las cosas más rápido. Antes hablamos de comenzar nuestros proyectos, de no estancarnos en la planeación ni esperar a que alguien nos encuentre. Ahora hablaremos del ritmo. La prisa nos hace sentir que el tiempo avanza más rápido de lo normal y cada vez que alguien llega a una meta que también está en nuestro mapa, nos aceleramos como si fuera una carrera y sentimos que nos estamos quedando atrás. Pero la vida no es una línea.

Tal vez no has podido crear lo que tanto sueñas porque te hace falta vivir historias. Te falta cometer errores (que no has cometido por miedo), conocer gente, disfrutar pequeñas victorias que te llevarán a tu meta principal, porque sí, crear cosas increíbles a veces es caro y para eso tienes que dedicarle algo de tiempo al dinero y no a la pasión.

Stan Lee creó su primer cómic exitoso (*Los 4 Fantásticos*) justo antes de cumplir 39 años de edad. El coronel Sanders tenía 62 cuando franquició Kentucky Fried Chicken. Julia Child trabajaba en publicidad antes de escribir su primer libro de cocina que catapultaría su carrera como chef famosa a los 50 años; se cuenta que aprendió a cocinar a los 36 años de edad, lo cual nos dice que se vale cambiar de opinión y llegar lejos en nuevas pasiones adquiridas en el camino.

Una de mis historias favoritas es la de Ricky Gervais, filántropo millonario y famoso que, para poder crear un programa tan genial como *The Office*, primero tuvo que trabajar en una oficina real hasta los 40 años, y aprender a ver el lado cómico de las cosas. Luego escribió varias de las mejores series y películas que he visto en mi vida.

El éxito no tiene fecha de caducidad y no hay una edad límite para lograr lo que quieres. La vida es demasiado corta como para que quieras adelantarle a la película solo para saber si vas a ser el héroe o no. Disfruta el capítulo en el que vas y trabaja para que puedas disfrutar los que vengan.

Querer adelantarte a lo que tienes que hacer para saber si es lo correcto es como estar en una relación con alguien que ya quiere que sean viejitos para saber si eras el amor de su vida. Qué intenso, ¿no? Pues cada vez que te da esa prisa irracional, te estás haciendo justo eso a ti mismo.

Ese tiempo se llama experiencia, son historias que le darán valor a lo que hagas. No te desanimes, no debes ser un genio; lo único que tienes que hacer es seguir, disfrutar todas las partes del camino. No pasa nada si te sientes perdido, es lo más normal del mundo. No dejes que te apresuren, ellos no saben en qué parte de TU HISTORIA vas. Todas las situaciones y personas que en algún punto te han hecho mal te ayudaron a ser quien eres hoy.

Y si te gusta quien eres HOY, entonces ya chingaste.

Por otro lado, si no estás haciendo nada y aun así tienes esa «prisa», déjame decirte que te estas engañando, estás disfrazando la flojera y la desidia de otras cosas.

SER EL SEGUNDO O TERCER LUGAR POR ESTRATEGIA

Nos han educado para pensar que el primero que pega pega dos veces, pero no podemos dejar que un dicho guíe nuestras decisiones y cómo nos sentimos con ellas. Te voy a decir algunas desventajas que no siempre nos cuentan sobre ser el primero:

1. Mayor presión, ya que además de trabajar lo que debes para llegar a ese lugar, también tienes que mantener la posición, lo cual requiere un esfuerzo extra.

2. Es mucho más costoso, pues debes desarrollar nuevas tecnologías, crear moldes e invertir más presupuesto o trabajo en diseño, además de tomar en cuenta los aspectos legales de comenzar a vender y producir un nuevo producto. ¿Te suena el costo de oportunidad? (Si no es así, tranqui, hay todo un capítulo sobre esto más adelante). ¿A qué le ganas más, a ser el primero o a ser el segundo? Puede que ser el primero tenga más valor emocional que monetario.

3. A veces no te enteras de que cometiste un error, porque nadie más lo ha cometido y es más difícil de identificar.

4. Requieres de un esfuerzo mucho más grande para abrirte un espacio en el mercado, tienes que invertir en infraestructura, publicidad y aceptar que otros le sacarán ventaja a tu esfuerzo. No existe una guía para saber a dónde dirigirte, así que debes invertir más en investigación. Si mantienes la cabeza fría sin ser romántico con el mercado (el mercado no es romántico contigo), podrás dar pasos mucho más seguros.

5. Tener que convencer a los consumidores para que prueben un producto por primera vez puede ser muy costoso; convencer a alguien de probar una nueva ideología aún más. Por eso las tradiciones son tan fuertes. El primero en el mercado debe ocuparse de educar a sus posibles consumidores sobre cómo se usa el producto, además de convencerlos de que lo necesitan en sus vidas, mientras el segundo puede llegar a decirles por qué el suyo es mejor que el primero y ya, aprovechando que el primero ya dio toda la clase. El segundo puede ofrecer puntos que agreguen valor a SU marca.

En YouTube

Para los primeros creadores de contenido fue mucho más difícil y tardado que nos tomaran en serio los medios tradicionales, los suscriptores, nuestra familia, la escuela y las marcas. Tardábamos años en llegar a metas que ahora se consideran nulas, yo tardé tres años en llegar a 1400 suscriptores. Hoy en día esa cantidad de suscriptores llega a mi canal aproximadamente cada 24 horas.

Amazon no fue la primera empresa en vender libros en internet, pero sí la primera en lograrlo a gran escala. Google llegó después que Yahoo (sí, Yahoo tuvo la oportunidad de comprar Google y no quiso) y Starbucks estuvo muy lejos de ser la primera cafetería en el mundo.

Y no estoy diciendo que esperes a que alguien más haga las cosas para que puedas avanzar, ni que vuelvas más lentos tus procesos. Tampoco que conviertas en tu objetivo ser el segundo lugar, no te pido que te conformes. Solo no te estreses por ser el primero en todo, simplemente no enumeres los lugares. No son las olimpiadas, bebé.

Veámoslo desde el punto de la innovación, ese factor necesario para crecer, avanzar y lo que logra que un producto no solo exista, sino que funcione y sobreviva. La palabra *innovación* viene del latín *innovatio* y significa «acción y efecto de crear algo nuevo». Innovación es un cambio que introduce novedades y se refiere a modificar elementos de algún producto o servicio ya existente en el mercado con el fin de mejorarlos o renovarlos.

Joseph Schumpeter introdujo este concepto en el campo de la economía, en el que los nuevos productos pueden destruir modelos de negocio y empresas que se consideran ya establecidas; esto lleva al crecimiento económico constante.* Se trata de mejorar o transformar productos y procesos, volverlos más fáciles, accesibles. Evolucionar, como Pokémon.

Existen muchísimos casos en los que el éxito (sabemos que es subjetivo, pero hablemos de la definición más común: dinero y reconocimiento) es tan lento que alcanza solo a los innovadores y no a los inventores. Lleva además labor extra y una gestión en cuanto a las habilidades necesarias para la papelería, el *marketing* y las ventas.

IBM no fue la primera empresa en entrar al mercado de las computadoras, pero sí la primera en sacarle ventaja con los consumidores masivos. Además supo salirse cuando hubo computadoras en todas partes.**

Y si no te importan los negocios, esto también podría aplicar en el amor. Según un estudio de profesores de la Universidad de Buenos Aires y de la Universidad de Palermo, solo el 13% de la gente se casa con su primer amor, así que tampoco te concentres en ser el primer amor.***

Y la verdad es que nos gusta el drama: nos inventamos competidores en la carrera imaginaria que llevamos, nos creamos historias y obstáculos para sentir que avanzamos. Créeme, avanzar no es sinónimo de dificultad.

PASITOS DE BEBÉ

El camino es largo y conviene que planees pequeñas victorias para que sientas que avanzas. Resulta fácil sentirnos estancados si dejamos de ver resultados por mucho tiempo, pero solo si cuidamos no volvernos conformistas podemos transformar nuestra perspectiva para que esos pequeños logros constantes se vuelvan victorias que nos van impulsando.

---

* Cambio e innovación (2008). Final, La innovación y Schumpeter. Recuperado de http://claseinnovacion.blogspot.com/2008/11/final-la-innovacin-y-schumpeter.html#_ftn2

** Roger La Salle (s.f.). 'Fast second' —an innovation-based business strategy. Recuperado de https://www.reliableplant.com/Read/25128/innovation-business-strategy

*** Ricardo Kirschbaum (2004). El 13% de las personas se casa con el primer amor. Argentina. Recuperado de: https://www.clarin.com/ediciones-anteriores/13-personas-casa-primer-amor_0_SkUgRnoJOKl.html

Otra vez YouTube

No busques llegar al millón de suscriptores si no has celebrado los 1000, si no le has agradecido a esas primeras 1000 personas por estar ahí desde el principio, tu principio. Puedes ver canales que empezaron hace tiempo y tratar de innovar conceptos y tipos de contenido, aprovecha que no eres el primer youtuber.

ESTO NUNCA PARA

Cuando te des cuenta de que no hay un final para tu historia, cuando quieras vivir en tu película sin necesidad de saber cómo acaba y sin buscar una coronación o una entrega de medallas al final, cuando aceptes que no habrá un estrado gigante y puedas apreciar un día común y corriente del camino, verás que no hay necesidad de adelantarle a la película.

¿QUÉ LE SERVIMOS, JOVEN?

Lo que realmente quieres

¿QUIERES GANAR EN LA VIDA? ¿SEGURO? ¿SEGURA? TIENES QUE HACER SOLO UNA COSA.

Spoiler alert: No todo el mundo lo logra, a veces resulta doloroso y requiere algo que por lo menos a mí me cuesta mucho trabajo: aceptar y ver mis errores y mis defectos. Para ser una buena líder o un buen líder, tienes que ser consciente de ti mismo, de cómo te perciben los demás. No es fácil y debes tener empatía.

Para lograrlo tienes que ponerte en los zapatos de alguien más y escucharte cuando hablas, preguntarte: **¿qué sentiría si yo fuera la persona que me está escuchando, la que está trabajando conmigo?**

No hablo de ser introspectivo, porque hay gente que se conoce súper bien y puede definirse o describirse muy fácilmente, pero no es capaz de verse desde fuera. El nivel de conciencia al que me refiero es externo: te tienes que poder ver a través de los ojos de alguien más.

Según *Harvard Business Review*,* existen cuatro tipos de personas:

1. Introspectivo (alta conciencia interior, baja conciencia exterior)

Alguien introspectivo no reta su propia visión, tiene problemas para aceptar retroalimentación o comentarios negativos y batalla mucho para encontrar sus puntos ciegos. Esto afecta sus relaciones y limita sus éxitos.

No todo el mundo tiene la mente abierta: para algunas personas es doloroso pensar en lo que está afuera o prefieren quedarse en un nivel superficial del mundo exterior. Eso no está mal, pero a ellos, que van por otra frecuencia, les costará interactuar y darse cuenta de sus errores.

Estas personas solo ven para adentro.

2. Complacientes (baja conciencia interior, alta conciencia exterior)

Tienden a ser superficiales. Les importa demasiado cómo los perciben los demás, a veces son más apariencia que realidad y con el tiempo sus elecciones no resultan a favor de su éxito, sino de lo que se espera de ellos; olvidan reflexionar qué quieren en realmente.

Dejan que las opiniones y los comentarios externos influyan más en sus decisiones que ellos mismos. Escuchan más a otras personas o a su público imaginario que a sus verdaderos sueños.

Estas personas solo ven hacia afuera.

3. Buscadores (baja conciencia interior, baja conciencia exterior)

No saben quiénes son ni lo que representan, tampoco tienen idea de cómo los perciben sus compañeros o las personas con la que interactúan; por lo

---

* Tasha Eurich (2018). «MANAGING YOURSELF What Self-Awareness Really Is (and How to Cultivate It)». *Harvard Business Review*. Recuperado de https://hbr.org/2018/01/what-self-awareness-really-is-and-how-to-cultivate-it

tanto, se sienten estancados y frustrados con su rendimiento y sus relaciones. Viven en un eterno vaivén. Podría decirse que son el tipo de persona más perdido, pero serán los primeros en vivir las consecuencias de su falta de conciencia. Depende de ellos tomar en cuenta las consecuencias de esto para dar al crecimiento.

Estas personas... bueno, no ven.

4. Conscientes (alta conciencia interior, alta conciencia exterior)

Saben quiénes son y lo que quieren lograr, pero también escuchan y valoran la opinión de los demás. Aquí es donde los líderes comienzan a reconocer el valor de ser conscientes de sí mismos.

Sí, lo ven todo. TODO.

Aquí hay un ejercicio que puedes hacer todos los días: pensar **QUIÉN SOY PARA LOS DEMÁS SIN OLVIDAR QUIÉN SOY PARA MÍ.**

Siempre escuchamos que lo importante es querernos y aceptarnos a nosotros mismos, y es verdad, pero vives en una sociedad. Tienes que interactuar con más gente para llegar lejos. Eso de conocerse a uno mismo no siempre sale bien. Algo que sí he tratado de hacer es identificar mis patrones de conducta: qué cosas hago una y otra vez que me terminan afectando.

No puedes cambiar quién eres, pero sí lo que haces y lo que no. Ser amable, hacer que los demás se sientan bien, dejar de buscar drama y trabajar mucho para no dejar nada (o casi nada) a la suerte. **No importa cuántos consejos pida y escuche; solo yo me puedo calmar a mí mismo, solo yo puedo optar por lo que me haga bien sin caer en egoísmo.**

Para identificar cómo somos percibidos realmente, tendríamos que abrir la puerta a cosas que no estamos acostumbrados a recibir. No nos enseñan a aceptar críticas, consejos, reseñas ni opiniones de los demás sin que nos dañen. Es casi un truco ser atentos y un poco vulnerables a la retroalimentación, sin que nos afecte profundamente y sin olvidar los factores en los que no podemos rendirnos: logros pasados, principios, ética, valores, amor, etcétera.

Es posible aprender de los demás sin sufrir. Para conseguirlo debemos hacer una pequeña pero muy importante distinción entre la gente que nos rodea e identificar dos tipos de críticos:

- Críticos que quieren lo mejor para nosotros

- Críticos que dan crítica constructiva DESPUÉS DE
  HABER CONSTRUIDO ALGO

La vida tiene mil maneras de obligarnos a ver la realidad, pero no puedes despertar a alguien que finge estar dormido, especialmente si ese alguien eres tú. Si ya sabes la respuesta y sigues dándole vueltas a la pregunta, que no te sorprenda verte en los próximos meses justo donde estás ahora.

- Deja de hablar mal de ti para que te digan cosas buenas,
  no siempre te van a contradecir y te quedarás con un
  mal sabor de boca.

- Deja de buscarte a ti mismo. Ya eres tú, no estas escondido ni perdido, no tienes que hacer viajes o vivir
  grandes aventuras para descubrir quién eres.

- Tú eres quien decide lo que viene. Tus acciones y tu
  trato con los demás son las piezas que te construyen,
  lo que debes hacer es aceptarte y amarte.

Dile que sí a lo que te cambie las cosas de golpe. Si te da miedo y dices que no, no vengas a quejarte más tarde. Si en el fondo sabes algo, no lo ignores.

TU PROPÓSITO

Existen tantos «caminos de vida» preexistentes que, cuando llega la hora de elegir el nuestro, es común caer en uno de ellos:

- La profesión o empresa de tu papá
- Los sueños rotos de tu mamá que ahora tú tendrás que alcanzar
- Las expectativas de tus hermanos o amigos
- La limitada lista de empleos que corresponden a lo que estudiaste
- La vida falsa que muestra en redes sociales alguna celebridad hueca
- Estándares de belleza solo alcanzados por Barbie
- Algún santo patrono del que nunca salió su verdad oscura

EL CAMINO ES TUYO.

Puedes compartirlo, pedir opiniones, incluso buscar consejos; puedes pararte de vez en cuando para voltear a los lados y ver si decides regresar y dar esa vuelta a la izquierda que, aunque querías, no pudiste dar porque no tenías el dinero o el tiempo. Lo que **no puedes hacer es tomar el camino incompleto de alguien más.**

Cumplir con lo que tus padres quieren que hagas no los beneficia a ellos, simplemente los vuelve dueños de tus decisiones y cada vez que te salgas de su camino los vas a lastimar a ellos y a ti mismo.

«¡Pero, Héctor, ellos me dieron la vida, les debo todo!». Eso no significa que debas completar los pasos que ellos dejen incompletos, lo que sí puedes hacer es tener éxito en lo que tú quieras y consentirlos con tus propios frutos.

No te preguntes qué hacer con tu vida. Es una pregunta muy cabrona y en realidad nadie sabe qué quiere, es mejor preguntarte a dónde quieres llegar en seis meses o qué quieres tener en seis meses.

En YouTube

Lo que yo quería era comprar una mejor cámara. Después de meses de trabajo, cuando ya tenía la cámara, seguía con ganas de hacer videos. Ya no era algo material, sino algo más: una pasión. Se vale tener metas banales siempre y cuando estés dispuesto a trabajar por ellas, y ese trabajo hará que lleguen nuevos retos, nuevas metas y más trabajo del que te gusta.

Conseguir boletos para un concierto, unas vacaciones, una cena o un masaje parece simple o superficial, pero cuando estés en ese trabajo que te ayudará a conseguirlos, tal vez descubras que eres bueno en eso. Al serlo puedes decidir mejorar y ello, sin que te des cuenta, se volverá una pasión. La búsqueda de algunas metas simples te puede ayudar a encontrar tu camino, a encontrar tu pasión, y eso no es nada superficial.

Una pasión puede hacer que todos los días se sientan como el primero, incluso después de diez años.

El dinero es la peor brújula porque solo se acumula y nos crea expectativas arbitrarias sobre el futuro: te tienes que casar, debes ser rico, tener un coche carísimo.

Muchas veces estamos donde debemos estar, pero no lo sabemos.

Emma Stone trabajaba medio tiempo en una panadería para perros: «Creo que al menos tres personas dijeron que mis galletas eran incomibles para sus perros. No soy una panadera muy talentosa... Hice *Superbad* en lo que habría sido mi último año de preparatoria y en la película actuaba como una. Si me hubiera graduado, me habría perdido de esa oportunidad y si hubiera perdido esa oportunidad, no estaría aquí ahora». *Vanity Fair*, junio 2011.

SAQUÉ UN DISCO Y ME SACÓ LOS OJOS

En el 2014 me junté con dos muy buenos amigos y creamos un disco de 12 canciones en total. Decidí llamarlo *Grandes Éxitos* porque no sabía si volvería a sacar otro y me pareció gracioso llamar así a mi primer disco. Estaba muy contento con los resultados, hice otras dos canciones y justo cuando parecía que habíamos terminado, entendí que este era solo el comienzo: el inicio de una pesadilla, pues no quería ver la realidad.

Decidí hacer discos físicos cuando sabía perfectamente que ya nadie escuchaba discos. Me acerqué a una tienda de discos cuando esta industria estaba agonizando. Al tratar con esta empresa entendí por qué: se aferraban al pasado y a procesos obsoletos sin cuestionarse el futuro de la industria musical. Tuve que hacerme cargo de registrar las canciones, ir a cursos para generar códigos de barras, darme de alta como disquera, viajar a Jalisco a la fábrica de discos, empaquetar cada disco y hacer envíos a cada tienda por separado.

La señorita encargada de revisar el disco no lo hizo, así que nunca se enteró de que faltaba una canción —yo me di cuenta del terrible error hasta que tuve un ejemplar en mis manos—. Tuvieron que quitar los plásticos protectores, abrir las cajas y poner nuevos discos (los cuales tuve que pagar también). Pésimo servicio, una estrella. Mientras esto sucedía en administración de sucursales, me informaban que estaban cerrando una tienda tras otra. Era increíble cómo todo empeoraba cada vez más y ellos no se daban cuenta de la razón por la cual se derrumbaba su empresa.

Aceptaban alrededor de nueve discos por tienda y se llevaban el 50% de las ganancias. Era un trato terrible, pero yo estaba empecinado en ver mi disco en los aparadores de las tiendas. Claro que fue satisfactorio poder hacer firmas de discos en tiendas departamentales y ver mi póster a un lado del de Alejandro Sanz, pero el esfuerzo simplemente no lo valía. Había olvidado mi propósito: que la gente escuchara esa música. En el momento en que comencé a ignorar las tiendas y a promover la música en donde debí hacerlo desde el principio, los números comenzaron a crecer y la gente empezó a escuchar mis canciones en las plataformas que sí funcionaban y se adaptaban a la industria y a las necesidades de quienes trabajan en esta.

Pierde sabor la vida cuando nos cegamos y hacemos las cosas solo porque sí. Es cuando debemos aprender a observar y dejar que el fruto de nuestro trabajo nos guíe. **No importa el tamaño de las metas, sino lo que sientes cuando las buscas.**

DEMASIADO SIMPLE

A veces las cosas nos parecen demasiado simples para ser verdad. ¿Por qué? Porque al no haber complicaciones pensamos que hay algo escondido. Estamos acostumbrados a que todo tiene que costar trabajo. Cuando algo resulta fácil, sospechamos, sentimos que hay algo oculto y que no merecemos que todo se resuelva sin complicaciones. No estamos acostumbrados a confiar, a creer en nuestros conocimientos o habilidades, y tampoco sabemos confiar en los demás.

Cuando alguien obtiene un logro PARECE que es demasiado simple, porque no vemos todo el trabajo detrás. Y son esas personas quienes trabajan más, las que hacen que una gran hazaña parezca fácil.

Nos gusta complicarnos y buscamos más allá de lo que hay en realidad. Cuando alguien está en paz en su relación y no disfruta los momentos de silencio (también son parte de una relación), le parece sospechoso que todo esté bien y comienza a buscar drama o a descifrar comportamientos de su pareja en vez de ocuparse en disfrutar que todo va bien y en dejar que la relación fluya, siga y crezca.

Claro, es más fácil interpretar que preguntar. En vez de hacer bien nuestro trabajo, nos volvemos locos pensando que nos van a despedir. ¿Por qué dudar? Acepta que haces bien las cosas y punto. Preocúpate por aquello que sí está mal.

Seguramente conoces a alguien que se la pasa en la *friendzone** y busca señales donde no las hay porque un «no» le parece demasiado simple. Como nos parece imposible que alguien busque algo diferente a nosotros, creamos una realidad alterna en la que solo vivimos nosotros y las ideas que tenemos de los demás. Hay situaciones que no son ni simples ni complicadas, tan solo SON. Ríndete y acéptalas.

Si todo parece estar bien y aun así sentimos que algo anda mal, es importante separar lo que está bien, reconocer lo que no y preguntarnos: ¿de dónde viene esta intranquilidad? Y usar la teoría de la ensalada de la página 23.

Cuando abandonas el estado de alerta y dejas de vivir en el presente, surge ansiedad y agitación. Esa pesadez llega porque estamos pensando en el pasado que no podemos cambiar o preocupados por el futuro que aún no ha llegado.

Tal vez ya estás ahí

Lo más difícil de llegar a donde quieres estar es SABER y ACEPTAR que llegaste. Muchas veces no nos damos cuenta de que ya tenemos lo que queríamos porque anhelamos seguir siendo reconocidos y buscando aprobación ajena cuando la única que necesitamos es la nuestra.

Si lo único que te mueve es tu ego, te vas a frustrar muchísimo porque eres el único protagonista de tu película y, viéndolo así, cada quien anda en su pedo actuando en la suya. Ponle emoción a la trama, involucra a otros personajes. Ayuda a que los demás brillen y, sin darte cuenta, eso te ayudará a crecer y a sentirte satisfecho, además de que tendrás actores gratis. No esperes agradecimientos ni recompensas, solo observa cómo se enriquece tu existencia. Para eso estamos aquí.

Ey, tampoco se trata de resolver los problemas de los demás. Todo el drama que no sea tuyo, ni lo toques ni lo agarres ni mucho menos te lo apropies. No puedes resolver problemas que no te pertenecen (sobre todo si la persona del problema no lo ve como uno). Se trata de estar ahí, de compartir y de aprender.

---

* Es el plano de realidad místico y tristemente común en el que viven muchas personas enamoradas de alguien que nunca las va a pelar. Cuando una persona busca una relación amorosa y la otra, amistad.

Nos encanta pensar que todo gira alrededor de nosotros, pero NO. Existen personas que tienen problemas y necesitan atención; muchas veces la única manera que conocen para obtenerla es con drama y se van lastimando y quedando sin personas que los tomen en serio. No te envenenes, quédate en la buena vibra, acepta que no eres el centro del universo. Te quitarás un gran peso de encima.

No tiene que ser complicado para ser provechoso, tampoco largo y tedioso. Desde morritos hemos sido educados para creer que más es mejor, como cuando nos pedían un mínimo de páginas en los ensayos sin importar si habíamos procesado o no la información.

A veces sufrimos porque las cosas son simples, y utilizamos la energía en resolver algo que ya está resuelto o en arreglar algo que no está descompuesto, incluso lo descomponemos nosotros mismos para tener algo que arreglar. Es como cuando les haces drama a tus amigos porque tienen otros amigos o a tu novio porque no puede adivinar lo que estás pensando. No podemos controlar la calma y esto nos provoca ansiedad.

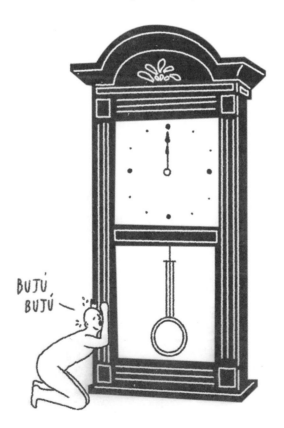

¿Quién chingados dijo que las cosas tenían que ser difíciles para valer la pena? La sociedad está educada para sufrir antes de disfrutar. Pero date cuenta de que las cosas que nos gustan a veces fluyen solas. Cuando amas no debes aguantar nada. Cuando tienes un talento no hay necesidad de sufrirlo. Disfruta y no lo pienses tanto, cuando te la pasas bien el tiempo se va volando… ¡Espera un momento!

Acabamos de descubrir que el tiempo también se pasa volando aunque te la pases mal, entonces vamos a pararle al lloriqueo.

No trates de intelectualizar todo. Haz al ego tu amigo y no lo odies tanto. Escúchalo solo cuando tenga buenas ideas. Por su culpa tomarás decisiones que enriquecerán tu camino y alimentarán tu alma.

De vez en cuando leo comentarios de gente que dice que en mis videos ya solo hablamos de comida porque antes tenía más crisis existenciales y hablaba más sobre nuestra mortalidad. Dejé de alimentar mis dudas y tristezas. Además, nunca sabes qué vas a aprender o encontrar en una ciudad mientras caminas al súper a buscar papitas. Hay un poco de sabiduría y aprendizaje en todas partes.

LO ALEGRE, FÁCIL Y SIMPLE TAMBIÉN ES BUENO

Ser interesante no es lo mismo que ser serio o aburrido. Ser profundo no es lo mismo que ser complicado. Los gustos culposos no existen.

No te avergüences de Britney ni de One Direction, ellos no se avergüenzan de ti.

Permítete vivir simple.

«Si no lo puedes explicar de una manera simple, entonces no lo entiendes de verdad».

ALBERT EINSTEIN

ESTAS COSAS NO SON LO MISMO
(Glosario de la realidad)

En este breve glosario compararemos conceptos que a menudo confundimos. El verbo *rendirse* aparecerá en repetidas ocasiones porque de verdad tiene muy mala fama, pero lo vamos a reivindicar.

TERQUEDAD vs. PERSEVERANCIA

La perseverancia es cuando estás satisfecho con el camino aunque todavía no veas los resultados, porque *a)* lo disfrutas o *b)* estás completamente seguro de por qué sigues en él, de que hay partes del proceso que valen la pena. La terquedad es cuando odias el camino y tampoco puedes ver los resultados, pero sigues ahí.

Cuando no usamos nuestro lado racional e ignoramos nuestro sentido común, la perseverancia o el empeño se vuelven simple terquedad. Esta puede tener costos económicos muy altos o llevar a la pérdida de relaciones personales de gran importancia. Si no pensamos con la cabeza fría, perdemos la fiabilidad de nuestras metas y objetivos.

Resignación es aceptar el proceso y los resultados, estén bien o mal.

MEMORIZAR vs. APRENDER

Así como el esfuerzo innecesario, desde pequeños nos enseñan que debemos memorizar, escribir las respuestas exactas en el examen y así sacar diez, pero no pensamos en la importancia de aprender. Memorizar es juntar información; aprender es tener la información necesaria a la mano, lista para ponerla en práctica. Por eso es común que algunas personas se aventuren en el mundo laboral sin la menor idea de qué hacer con toda esa información basura. Las calificaciones pueden subirte puntos de ego, pero el aprendizaje suma puntos de habilidades, y a diferencia de una gratificación superficial, las habilidades no te las pueden quitar. Procura tener una educación de buena calidad, que incluya el uso de la lógica.

No le tengas miedo a un trabajo de medio tiempo, aunque tardes más en graduarte. Pon tus habilidades en práctica, inicia con algún trabajo que te haga demostrar que aprendiste algo.

FLEXIBILIDAD vs. VAGANCIA

Confundimos estos conceptos por nuestros prejuicios sobre cómo deberíamos vivir nuestra vida, cómo deberíamos distribuir nuestro tiempo.

O bien: gracias, queridos prejuicios sociales, por confundirnos y hacernos creer que debemos vivir de cierta manera y ocupar nuestro tiempo solo en cosas «de provecho».

La flexibilidad es administrar tiempo y recursos, reacomodar nuestras metas, tener la posibilidad de trabajar a distancia y no dejar que los límites comunes de la mente —sembrados por la sociedad— nos detengan, todo esto con la certeza de tener objetivos claros y saber cómo buscarlos.

La vagancia es no tener objetivos claros e ir de un lugar a otro sin saber cuándo detenernos.

RENDIRSE vs. SER IRRESPONSABLE

Nos rendimos para liberarnos, y no hay nada más liberador que tomar verdadera responsabilidad de nuestras acciones. Ser libre es saber que tenemos algo de control en nuestras decisiones, que podemos hacer algo con nuestra situación sin tener que culpar a nadie más y vivir nuestras consecuencias. Eso suena bastante responsable.

Ser irresponsable es hacer lo que queremos y después no aceptar las consecuencias de lo que hicimos. Pero no solo se trata de ser irresponsables con asuntos que afecten a otras personas. A veces tomamos decisiones que en realidad no queremos, nos hacen daño y nos detienen de conseguir las metas que realmente nos interesan. Eso es irresponsable. Sí, el autosabotaje es irresponsable.

Rendirte es hacerte responsable de lo que viene y de lo que dejas ir. Irresponsable es continuar por un camino sabiendo que no es el mejor o que te hace mal.

En YouTube

Es más fácil culpar al público o a algún algoritmo que de verdad preguntarnos: ¿qué estoy haciendo mal?, ¿qué puedo mejorar?, ¿cómo tomo responsabilidad real sobre mi contenido?

TÍTULO vs. CURRÍCULUM

Cuenta la leyenda que Refugio Reyes era un albañil en Aguascalientes, un hombre al que hacían menos por no haber tenido la oportunidad de estudiar Arquitectura, pero lo reconocían por su creatividad y constancia. En 1895, después de años de trabajo constante y burlas igual de constantes, después de vencer el reto de seguir trabajando aun cuando sus propios colegas no creían en él, comenzó a construir una de las iglesias más hermosas de México (para mi gusto): el templo de San Antonio, distinguido por sus cúpulas. Después de su obra magna, lo contrataron para múltiples obras públicas que requerían de un hombre práctico; un arquitecto con título era demasiado costoso. Dicen que le gritaban por la calle: «¡Adiós, arquitecto sin título!», a lo que respondía: «¡Adiós, títulos sin arquitecto!».

Le llamaban «arquitecto empírico» y en 1985 la Universidad de Aguascalientes le otorgó un título *post mortem*. La falta de ese título no lo detuvo en vida y... no creo que le sirva mucho ahora que está muerto.

Eres lo que haces, no lo que dices poder hacer ni lo que un papel dice que podrías hacer, tampoco lo que dices que fue tu idea.

A la gente les gusta ponernos en cajitas con etiquetas: *lista, tonto, titulado, fracasada, fresa, naco*. Salte de esa caja de inmediato, no eres lo que dicen que eres. Para la sociedad es más fácil meternos en esas cajas porque así no tienen que conocernos de verdad ni se enteran de otras realidades. Pero no todo es blanco y negro. Es más fácil hablar y tratar a los demás viendo la etiqueta que les pusimos en la frente; es fácil, pero no creo que sea justo.

Tu título sirve para tener muchos *likes*. Pero te gradúas al mismo tiempo que muchísima gente y cuando sales al mundo real, te das cuenta de que es exactamente igual que el mundo en el que ibas a la escuela. Lo que no aprendiste en clase o en prácticas no lo aprenderás mágicamente cuando tengas el título. SÉ DIFERENTE A LOS DEMÁS, porque toda tu generación asistió a las mismas clases, tomó los mismos exámenes y probablemente compita por los mismos puestos.

Por ejemplo: no puedes poner que eres creativo o que estudiaste Diseño Gráfico y mandar tu currículum en un Word en blanco y negro: no te estás mostrando como lo que aseguras ser. Es irónico: «¡Ey! Soy creativo, toma un currículum igual a todos los demás».

Un título dice lo que puedes hacer; un currículum, lo que ya has hecho, y honestamente eso da más seguridad. Todos los títulos se parecen; la experiencia que tiene cada quien, bueno, no tanto.

TOLERANCIA vs. AGUANTE

Tolerar es comprender y aceptar a una persona o situación tal como viene, con calma y respeto. Aguantar es soportar algo con lo que no estamos de acuerdo, por mera obligación, y puede afectar la manera como nos percibimos a nosotros mismos e incluso los valores con los que regimos nuestras decisiones.

VALOR vs. PRECIO

Confundimos muy a menudo estos conceptos, pero son diferentes desde la raíz. El precio es igual para todos: un llavero cuesta 50 pesos para cualquier persona que entre a la tienda, el precio es tangible. El valor es diferente para todos: los atributos que le asignamos a un producto o servicio varían de individuo a individuo. El llavero tiene un precio de 50 pesos, pero puede valer muchísimo para alguien que los colecciona o para quien asocia un recuerdo con él.

El valor puede crearse o aumentar con factores tangibles, como diseño, buen servicio, comunicación, calidad, promociones o referencias.

AMABILIDAD vs. DEBILIDAD

A veces, para ser amables o bondadosos necesitamos de mucha fuerza. Alguien puede ser muy amable, pero al mismo tiempo perfectamente consciente del concepto que tiene de sí mismo y de los demás como para tomar acciones que no afecten a los otros y no borren las líneas formadas por sus principios. Alguien débil traiciona fácilmente sus valores, se rinde con los conceptos con los que no nos podemos rendir (página 33) y cambia su idea de lo correcto e incorrecto según su conveniencia o, peor, según la conveniencia de los demás.

RENDIRSE vs. RESIGNARSE

Alguien que se resigna, acepta y se aguanta; alguien que se rinde, está diciendo: «No, no estoy de acuerdo, por eso dejaré de hacer las cosas así. No estoy de acuerdo, por eso me voy».

Rendirse es una manera de respetar aquello con lo que no estamos de acuerdo y alejarnos de la mejor manera, sin ofender ni tratar de cambiar por la fuerza a los demás. Rendirte es darte la oportunidad de reconfigurar tu vida. Rendirte, como ya hemos visto antes, puede traer beneficios, o simplemente evitar que hagamos cosas que no nos gustan, como cuando nos alejamos de ese grupo de amigos que nos meten en situaciones incómodas que por nuestra cuenta no permitiríamos ni llevaríamos a cabo.

RENDIRSE vs. ESCAPAR

No confundamos rendirse con escapar, no es lo mismo dejar ir que ignorar. Si algo he aprendido de los viajes es que tus problemas no se quedan en los lugares de los que «escapas»; todo te lo llevas tú, no importa dónde estés. Tus problemas también tienen pasaporte, intenta resolverlos. Tu mente, tus pensamientos, viajan contigo. Eres tú, no el lugar.

OBEDIENCIA vs. INTELIGENCIA

Cuando somos pequeños es muy fácil que confundamos estos dos conceptos, ya que se nos premiaba por no hablar en clase, hacer caso a lo que nos dijeran, mantenernos en la fila y estar quietos, pero no premiaban tanto nuestra creatividad y nuestras habilidades que nos diferenciarían de los demás. El resultado: de grandes no cuestionamos los conceptos lo suficiente, pero un buen líder no buscará que lo obedezcas, sino que tomes acción en cuanto a qué es lo mejor para la empresa, no en cuanto a lo que él o ella diga o crea.

Aunque obedecer puede funcionar, seguir órdenes no significa que estemos actuando inteligentemente. La vida no espera que obedezcamos: debemos hacer lo correcto, elegir nuestras batallas de manera sabia. De vez en cuando hay que alejarnos para observar el panorama entero y decidir cuándo ceder.

MIEDO vs. RESPETO

El respeto toma en cuenta a la otra persona, se gana con el tiempo, nos ayuda a poder colaborar, trabajar en equipo, confiar. El miedo, no. Te puede dar seguridad el ser temido, pero es una seguridad falsa y frágil que además no durará mucho; el miedo también nos llevará por el camino de la obediencia a ciegas y terminará afectándonos.

RENDIRSE vs. FRACASAR

Rendirse es una manera de evitar el fracaso, de manipularlo para nuestra ventaja y cambiar la perspectiva que tenemos sobre el éxito según vaya cambiando nuestra vida. Si después de dos años estás perdiendo dinero con tu proyecto, no pierdas más.

Si crees que ya perdiste mucho tiempo en una relación con alguien que te hace sentir que estás haciéndolo todo mal, deja de perder más tiempo. Vemos a alguien que se rinde como una mala persona, como alguien que se aleja cuando las cosas se ponen difíciles y abandonan a su pareja o sus metas, pero ¿y si las cosas nunca muestran señales de que se pondrán mejor?

Rendirse es una manera de evitar el fracaso.

COSTO DE OPORTUNIDAD

DINERO

Hay un par de herramientas que nos ayudarán a tomar decisiones e identificar si vale la pena ser tercos perseverantes. Son fábulas, teorías, corrientes filosóficas y conceptos de economía. NO TEMAS, trataré de explicarlos de la manera más sencilla posible.

El costo de oportunidad es un término económico del mundo de las inversiones que no se limita a los resultados generados en una inversión, sino que compara los resultados o ganancias de nuestra inversión con los que se generarían con una inversión alternativa. Digamos que contempla distintos escenarios de acuerdo con la decisión que tomemos. Es como si comparáramos nuestra realidad con un universo alterno en el que todo es mejor porque invertimos nuestro dinero o tiempo en otro lugar.

Por ejemplo, decidir qué hacer con un terreno: puedes construir un área de juegos o usar el terreno para construir un pequeño local que después podrías rentar. Tu costo de oportunidad es ese alquiler que no vas a poder percibir si construyes el área de juegos.

No se trata solo de dinero, se deben tomar en cuenta factores subjetivos o con implicaciones éticas. En lugar del área de juegos podrías sembrar árboles, lo cual es una inversión y una acción ambiental que podría traer beneficios a futuro que no puedes cuantificar en dinero.

Tomemos en cuenta que hay cosas que no podemos cuantificar: estar con tu familia más tiempo no tiene precio, la salud no tiene precio... Aun así, ¿cuántas veces terminamos sacrificando horas de sueño, una buena alimentación y sana convivencia por horas de trabajo? Es importante sentarnos a pensar qué estamos sacrificando en realidad. Como dicen: «¿Cuánta vida te está costando tu trabajo?»

Al ser un término económico, de preferencia debe usarse para tomar decisiones calculadas y racionales. Puede parecer complicado aplicarlo para tomar decisiones personales; en el fondo no lo es, solo que hemos sido educados para pensar que la cantidad de dinero es directamente proporcional a nuestra felicidad o calidad de vida y dejamos de tomar en cuenta otros factores.

PONGAMOS COMO EJEMPLO A JULIÁN,

quien trabaja 65 horas a la semana (nueve horas por día, seis días a la semana) y gana $700 000 al año. Comparémoslo con Roberto, que trabaja 35 horas a la semana (siete horas por día, cinco días a la semana), pero gana $500 000 al año. A simple vista parece que a Julián le va mucho mejor, aunque deba trabajar un día más a la semana. $200 000 es bastante dinero, pero el costo de oportunidad nos permite ver que la verdadera diferencia es que el dinero de Roberto vale más que el de Julián, ya que tiene más tiempo y opciones para poder gastarlo, más horas libres para sentirse satisfecho con el resto de su día.

Julián tiene más dinero, pero sacrifica 30 horas libres a la semana, lo cual a simple vista parece no hacer tanta diferencia, aunque en la práctica Julián solo pueda gastar esos $200 000 extras en pequeños huecos de tiempo libre que su trabajo le permite disfrutar.

Al final, Julián terminará comprando esas 30 horas. Cuando intercambiamos tiempo por dinero, luego buscaremos comprarlo de regreso. Usemos unas vacaciones como ejemplo:

Ambos se irán de vacaciones a Europa, comprarán el mismo vuelo (que les cuesta $22 000), solo que Roberto se quedará las dos semanas que le permite su trabajo y Julián los cinco días que le permite el suyo, ambos en el mismo hotel (que les cuesta $2 000 la noche).

Julián: vuelo $22 000 + hotel $10 000 / 5 días = $6 400.00 x día
Roberto: vuelo $22 000 + hotel $28 000 / 14 días = $3 571.42 x día

El viaje de Julián terminará costando casi el doble que el de Roberto. Al final su dinero vale menos y, aunque gaste el doble, no estará ni la mitad del tiempo que Roberto tendrá para disfrutar de sus vacaciones, con calma y sin prisa.

Pero no te sientas mal por Julián, él gana más dinero.

No siempre te puedes dejar guiar por los números. Finalmente se trata de bienestar y claro que el bienestar se puede comprar de vez en cuando, el problema es cuando no tienes tiempo para gastarlo o compartirlo.

EL DISCRETO ENGAÑO
DE LAS OFERTAS

Vivo cerca de la frontera con Estados Unidos. Veo que hay descuentos en una marca de camisas que me gustan en una tienda estadounidense, lo cual implica que para adquirirlas debo levantarme un sábado bien temprano, horas de carretera, pagar la autopista, la fila en aduana, quedarme en un hotel, hacer comidas allá y cambiar de pesos a dólares para «ahorrarme» dinero al comprar esas camisas. ¿Realmente estoy ahorrando o estoy comprando una camisa mucho más cara debido al esfuerzo que implica ir a conseguir esa «oferta»? ¿Acaso no pude haber comprado esas mismas camisas a su precio normal sin salir de mi ciudad (y sin gastar en todo los demás)?

La realidad es que algunas veces el costo del éxito es mucho más alto que el del fracaso, y mucho mayor aún que el de rendirse y no ser quien «gana más». A ver: no te estoy diciendo que fracases, más bien que trates de ver el costo de oportunidad desde otra perspectiva. Vivir implica divertirse, tener tiempo para nosotros, disfrutar lo que el dinero nos permite. No uses el dinero como única unidad de medida.

TU PÚBLICO
IMAGINARIO

Existen unas criaturas mágicas que DEBERÍAN habitar solo en tu imaginación, pero desgraciadamente, cuando te descuidas, se aprovechan de tus momentos de debilidad y escapan. Como habitan en tu mente, te conocen tan bien que pueden inventar realidades parecidas a la tuya, AUNQUE SEAN FALSAS.

Tu público imaginario es creado por tus inseguridades y patrocinado por tus sueños y fantasías. Se construye con esas frases que te ha dicho gente negativa a lo largo de tu vida, con o sin el propósito de herirte, pero que te marcaron para siempre. Estas criaturas se alimentan de esas frases y se saben tu vida de memoria, sobre todo las partes tristes y dramáticas.

Por las noches salen de tu boca lentamente, son criaturas muy pequeñas y ágiles, caminan de puntitas por tu cara hasta llegar a tus oídos. Cuando sientes miedo o inseguridad, te dicen cosas que rara vez son verdad, pero que si las oyes te hacen tomar decisiones que afectarán tu vida real.

Estos asquerosos seres son poderosos, muy poderosos, pero solo si los dejas. Mientras más débil te sientas, ellos serán más fuertes. Se encargan de decirte que le caes mal a alguien solo porque no te saludó en una fiesta. Tal vez no te vio, pero tú empiezas a imaginar las 12 000 razones por las cuales le caes mal. Ellos son los que te cuentan historias de terror sobre lo que dirán o pensarán tus papás cuando les digas que te quieres cambiar de carrera y que ya no te convenció lo que estás estudiando. Se inventan historias sobre el día en el que le digas a tus mejores amigas que eres gay.

Aunque son invisibles para el resto del mundo, estas criaturas adquieren formas bastante familiares en tu mente y son buenísimas para imitar voces. También pueden verse y escucharse como tu abuela, tus amigos, tus padres, gente que te cae mal, tu prima que siempre te critica, tu ex que dijo algo negativo sobre tu persona antes de cortarte.

ES TU PÚBLICO IMAGINARIO Y LO ODIO.

Siempre se nos olvida que este público es falso y que proviene del lado oscuro de nuestros pensamientos. Cuando dejamos que ganen, nos paraliza, no nos deja hablar en público, nos hace cerrarnos a oportunidades porque nos sentimos incapaces de cumplir, no nos permite cambiar de opinión ni decidir un futuro distinto al que alguna vez imaginamos.

Ese público imaginario fue el que me «recomendó» no ir a una audición; me paralicé por no creer en mí. Ese público me convenció de que alguien que ni se interesaba en mi vida hablaba mal de mí. Me aseguró que no podría cumplir con las responsabilidades que se me presentaban en nuevos proyectos, y yo le hice caso y los rechacé.

TU PÚBLICO IMAGINARIO ES SOLO HUMO. NO LE HAGAS CASO, NO EXISTE.

¿Quieres una prueba de que no existe?

Tu público imaginario sabe de los proyectos que aún ni empiezas y ya está opinando. ¿Quién más podría hacer eso? Solo alguien que vive en el mismo lugar que tus ideas, en tu cabeza.

RECUERDA: este público es imaginario, lo puedes controlar, ignorarlo y divertirte dando el show que quieras dar.

No hay nadie en tu cabeza.

El público real no sabe que se te olvidó un chiste cuando estás en el escenario haciendo *stand-up*. El público real no sabe sobre tu proyecto súper secreto que aún no has querido mostrarle al mundo.

Si tienes la posibilidad de elegir (la tienes), no dejes que cualquiera se siente a ver tu show, sobre todo si desde antes de verlo ya está hablando mal de él.

¿SABES PARA QUÉ ESTÁS TRABAJANDO?

En 2015, gracias a mi trabajo, tuve la oportunidad de visitar una escuela de alto nivel en dos de sus campus: uno en los Alpes suizos y otro en Marbella. En ese momento de mi vida profesional estaba formando un nuevo equipo de trabajo y no tenía a quién llevar en mi viaje para que me ayudara a grabar y tomar fotografías de los destinos. Gracias a los convenios de esta escuela tendríamos la fortuna de quedarnos en hoteles de cinco estrellas con vistas increíbles, comer en restaurantes con estrellas Michelin, tomar clases de mixología e innovación con los mejores maestros, clases de golf en los Alpes y recorrer Málaga probando vinos y tapas (aún no me la creo).

Llamé a varios amigos y amigas para que me acompañaran y me contestaban que no podían, que tenían responsabilidades del mundo real. Al final me llevé a uno de mis mejores amigos, que flotaba entre proyectos. En la cafetería de uno de los campus, mientras veía la nieve de las montañas mezclarse con las nubes, me puse a pensar:

«¿Cuántos años habríamos tenido que ahorrar para estar aquí? ¿Cuánto tarda la gente en llegar a estos lugares con su propio dinero? Obviamente no podría pagar esto con mis ahorros».

Estábamos rodeados de ancianos retirados, hijos de millonarios, genios becados y suizos que pasaban un fin de semana suizo, distinto al que vivimos los no-suizos.

MI PUNTO ES: todas esas personas que invité y no podían faltar a clases o a su trabajo por una semana, trabajan para poder pagarse un viaje igual, y así vemos la vida muchas veces. Le decimos que no a un viaje porque tenemos trabajo y aquel trabajo nos dará el dinero para después pagarnos ese mismo viaje.

Muchas veces creemos que vamos en cierta etapa del camino cuando, en realidad, a las oportunidades no les importa ni saben qué forma tiene el proceso del éxito. Las oportunidades llegan y debemos aprovecharlas.

Lineal ascendente

Asumimos que debemos ahorrar para tener dinero en el futuro y no nos damos cuenta de que a veces una oportunidad es mejor que mucho dinero. Puede sonar demasiado cursi e irreal, porque «lo normal» es ir al ritmo de los demás, «lo normal» es trabajar y esforzarnos mucho para conseguir lo que queremos. Pensamos que trabajar en algo que nos gusta es cuestión de privilegio o de suerte. No, bebé, no es así.

Hagamos un ejercicio. Deja de pensar en el esfuerzo y mejor pregúntate:

¿Cuál es mi sueño?

Piensa en todo lo que hacemos sin pensar en nuestro sueño solo porque es lo más común, porque los demás lo están haciendo: primaria, secundaria, clases de pintura, futbol, tae kwon do, ir a misa, meterse a diplomados, arreglarse para ir a fiestas, el esfuerzo para asistir a una boda, lo que implica casarse, ir a algún cumpleaños solo por quedar bien, buscar el regalo perfecto para alguien que tal vez ni lo aprecie, estudiar días enteros para un examen, preparatoria, universidad, maestría, doctorado. Todo lo que nos cuesta lograr estas cosas.

El ritmo de los demás nos quita la oportunidad de detenernos a pensar por qué lo hacemos. Entiendo que sigamos lo que dicen los demás durante los primeros años de nuestra vida, cuando no podemos tomar decisiones informadas, pero ¿y luego? A los 26 años seguimos cumpliendo con los estándares de calidad de otras personas.

Imagina todas estas acciones, esfuerzos, tareas y convivencias dirigidas a un objetivo que te llene. Imagina disfrutar todas estas etapas al máximo porque tienen un poquito de lo que amas hacer. ¿No te darías la oportunidad de sentarte a pensar en qué quieres hacer con todo este tiempo?

Con muchas personas puedes sentarte a platicar de trivialidades y eso está bien, hay que aprender a disfrutarlo, pero son pocas las personas con las que también te puedes sentar a platicar sobre tus sueños Y LAS ACCIONES REQUERIDAS para alcanzarlos. Si ya es difícil encontrar con quien hablar sobre tus sueños, lo es aún más encontrar con quien hablar de cómo alcanzarlos. Pero no te equivoques: no es responsabilidad de nadie hablarte de estos temas, solo tuya, y si tú no puedes hablar CONTIGO MISMA sobre esto, ¿por qué deberían hacerlo los demás?

No es «normal» que hablemos solos, tampoco que nos cuestionemos. ¿Por? Porque duele darnos cuenta de que tal vez hemos invertido más tiempo del que debíamos en algo que no nos llena.

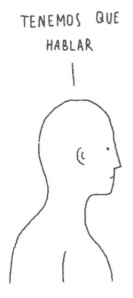
TENEMOS QUE HABLAR
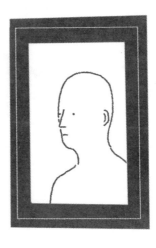

No seas «normal» y habla contigo.

ENFÓCATE EN TUS HABILIDADES

Deja de perder tiempo y malgastar tus energías en algo que no disfrutas y que no te sale. No te gusta hablar frente a la cámara, pero viste que a alguien más le fue bien haciendo videos. ¿Crees que a ti también te irá bien solo por hacerlo muchas veces? ¿Crees que lo empezarás a disfrutar cuando ya lleves 100 videos? Si disfrutas más escribir y tienes talento para hacerlo, ¿por qué estás en YouTube siendo mediocre en vez de crear un blog o empezar a usar Twitter? Eres buenísimo escribiendo: aprovéchalo, no entierres tus habilidades buscando mejorar en algo que solo te hace sentir que no eres bueno para nada.

A veces la constancia para hacer algo que no disfrutamos nos impide ver el talento que tenemos para lo que disfrutamos. Deja de apestar por gusto y perder el tiempo.

Breve anécdota privada

Tenía 20 años, llegué a la Ciudad de México por segunda vez, había trabajado en una sola campaña con una de las agencias de publicidad digital más grandes de México. Ellos pensaban que era dueño de una productora. No: era un mocoso descubriendo el mundo (a putazos, porque en la universidad aún no te enseñaban cómo usar redes sociales, aunque TODOS LO NECESITÁBAMOS).

Llegué a la agencia e inmediatamente me dijeron: «Te llevaremos a una junta a las oficinas de la empresa telefónica más grande del país».

Me quedé con los ojos pelones, nunca había ido a una junta. Me llevaron al último piso del edificio frente al Museo Soumaya. Eran puros hombres y mujeres vestidos formalmente, y yo con shortcitos, tenis y una mochila de caparazón de tortuga ninja que siempre me chuleaban en los aeropuertos. Sin la mínima idea de lo que haría, me puse nervioso y di unas de las peores presentaciones de mi vida: en lugar de que saliera su famoso globo aerostático a recorrer las praderas en los comerciales de las salas de cine, yo saldría diciendo: «¡Ey! Apaga tu celular, la película va a comenzar». ¿POR QUÉ LA COMPAÑÍA MÁS GRANDE DE TELEFONÍA QUERRÍA QUE APAGARAS TU CELULAR?

No sé cómo, pero lo logramos. Cerramos un contrato anual para crearles contenido. Sí, olvidamos la idea de apagar el celular.

Pasó un año, repetimos esa junta. Tal vez mis propuestas habían sido malas la primera vez, pero nuestra estrategia dio resultados y eso es lo que importaba. Esta vez iba a respetar quién era yo y sacarle provecho a mis habilidades. Era malo en las juntas, pero bueno para hacer videos en mi cuarto. ¿Qué hice? Un día antes de la reunión, me grabé. Llegué a la junta. Era una sala inmensa, incluso más grande que la primera, con un proyector enorme. Saludé a todos los presentes, pasé al frente, metí la USB a la laptop y presioné *play*. Aparecí en la pantalla y dije: «Hola. Soy Héctor y el chico guapo que está sentado con ustedes en la sala también es Héctor, solo que se pone nervioso en las juntas y dice estupideces, así que hablaré yo»...

Era un video muy corto, con propuestas concretas y directas. Cuando terminó el video solo dijeron: «Vamos a hacerlo», y cerramos el trato para un segundo año. Fue la junta más corta que he tenido. Sí, existen «situaciones» que nos hacen sentir inseguros —quizá sea por nuestras habilidades—, pero cuando eres ignorante y creas las tuyas, la cosa cambia, casi siempre para bien.

Me enfoqué en mis habilidades: escribir, editar y hablar frente a una cámara. En vez de gastar el poco tiempo que tenía en mejorar mi debilidad de ese momento: hablar en público (aún escuchaba a mi público imaginario), decidí utilizar mis habilidades.

TRABAJA TUS DEBILIDADES, APROVECHA TUS HABILIDADES.

¿Por qué sentimos que no somos lo suficientemente buenos?

Porque muchas veces quienes dictan las reglas del juego lo hacen de acuerdo con su molde. Si eres mala para jugar futbol, pero es el único deporte que todos juegan en el recreo, podrías pensar que eres mala para todos los deportes. No hay materias más importantes que otras, solo somos mejores o peores en algunas. Podemos dejar que nuestros gustos y nuestros planes a futuro definan un poco a qué nos queremos dedicar.

Nos encontramos con tanta gente que odia su trabajo porque alguien en su familia dijo que ahí estaba el dinero o el éxito y se obligaron a hacer cosas para las que no eran buenos. Pusieron bajo una lupa sus inseguridades y fueron juzgados por lo que salía mal sin que nadie les preguntara para qué eran buenos y qué querían hacer.

Como pensamos que es malo rendirse, invertimos tiempo, dinero y esfuerzo en tratar de ser lo que no somos, en tratar de mejorar en algo para lo que somos malos y que no disfrutamos:

Eres malo y no te gusta = ríndete y muévete a otra cosa

Eres malo y te gusta = trabaja y sé paciente

Eres bueno y no te gusta = aprovéchalo pero no te claves en eso

Eres bueno y te gusta = sí, ya chingaste

«En el mundo hace falta gente que ame lo que hace».

Ríndete con lo que no te gusta y ni te sale, desarrolla lo que disfrutas y haces bien.

EL EXPERIMENTO
DE LA RANA

Hablemos del experimento: tenemos dos ranas y dos ollas con agua, se introduce una de ellas en una olla con agua a temperatura ambiente y se comienza a calentar a fuego lento. El cambio de temperatura tarda tanto y es tan difícil de notar que, para cuando la rana se da cuenta de que está caliente, ya no puede saltar porque ha sido hervida; se cocinó viva.

En otra olla tenemos agua que ya está hirviendo, se introduce una rana que al sentir que se quema salta rápidamente y se salva.

Las amenazas más grandes por lo regular son graduales, se desarrollan lentamente. Tu novio no te apoya, pero como tampoco te habla feo, te quedas. Tu jefe no te motiva ni te inspira, pero te da empleo para pagar la renta del departamento —aunque ni siquiera te guste ese departamento—, así que te quedas.

Sí, tú eres la rana. Es tan fácil seguir trabajando para tus padres que no duele tanto hacerlo. Es tan fácil no subirte a un escenario, no compartir tus pinturas, quedarte callado cuando tienes enfrente a alguien que te gusta... Desayunar frutas en vez de pan es igual de fácil que volver a elegir pan como desayuno.

A veces el cambio requiere acciones tan pequeñas y simples que da igual si las haces o no. Es muy sencillo quedarte en el mismo lugar durante mucho tiempo si no hay nada que te fuerce a moverte, si el agua tibia no parece que va a hervir. Es muy fácil no renunciar, es muy fácil seguir en una relación que no te llena porque tal vez en el futuro cambiará, después mejorará. No nos damos cuenta de que se está pasando el tiempo y las burbujas aparecen poco a poco.

No nos matan a balazos, ni con machetes, ni con la creación de dinosaurios modificados genéticamente para ser usados en la guerra. Nos matan al decir: «Así estás bien», «Quédate dónde estás», «Aguanta»; nos tumban cuando nos dicen que, aunque no estamos felices, al menos tenemos trabajo, al menos tenemos una pareja. Son muertes lentas que duelen poquito cada día, pero no se alcanzan a ver en el panorama amplio de la vida, no se sienten y son fáciles de ignorar.

Tal vez aparezcan en forma de consejos o felicitaciones de buena fe. Muchas veces la gente que te quiere no se da cuenta de que está calentando el agua muy despacio, de que el tiempo pasa entre la rutina.

Eres la rana y la verdad ha sido revelada. ¿Intentarás saltar hasta que sea demasiado tarde?

¡Espera! Antes de que acabe el capítulo, tengo que decirte algo. Esta fabulosa historia fue puesta a prueba por algunos científicos del siglo XIX y resulta que algunas de las ranas saltaron aunque el agua se calentara gradualmente,* así que revisa tu agua tibia, no puede ser que una rana de 1888 sea más inteligente que tú.

---

* Whit Gibbons (2002). The legend of the boiling frog is just a legend. Recuperado de http://archive-srel.uga.edu/outreach/ecoviews/ecoview071223.html

Eres la rana y la verdad
ha sido revelada.

¿Intentarás saltar
hasta que sea
demasiado
tarde?

LA ZONA DE CONFORT

La zona de confort es un destino turístico hermoso. Es tan maravillosa que cada año llegan miles de turistas que solo piensan visitarla un par de semanas y terminan por mudar su vida entera a este maravilloso pero aburrido lugar. La zona de confort es esta playa en la que no pasa nada, donde las ideas llegan a morir y en la cual nos tapamos los ojos y los oídos para que todo siga igual por siempre. Aquí no cambian ni las expectativas de lo que podría ser nuestra vida si nos rindiéramos un poquito con la comodidad, ni la manera de hacer las cosas.

La zona de confort también puede llegar cuando estás en la cima. Y lo más hermoso es que nos sobran ejemplos:

Agencias de viajes vs. Airbnb

Todas esas empresas hoteleras y agencias de viajes que pensaron que las cosas jamás cambiarían, que sus clientes siempre les serían fieles aunque su servicio y modo de operación llevara 20 años igual. Todos ellos confiaron en que los viajeros irían siempre a sus oficinas a ver las ofertas disponibles en vez de hacer reservaciones desde su casa con la oportunidad de comparar opciones sin precios inflados. Un día apareció Airbnb y cambió el juego. La industria de viajes ha tenido que adaptarse y ha perdido terreno frente a la nueva reina del hospedaje.

Taxis vs. Uber

Una industria que se había hecho una fama de tener mal servicio, tarifas volátiles y tratos incómodos fue reemplazada cuando los mismos clientes se volvieron proveedores, ofreciendo la seguridad y el servicio que no encontraban en la industria del transporte privado. Irónicamente, muchos taxistas se han convertido en conductores de Uber para continuar en su oficio, obligados por un corporativo a ser amables, manejar con cautela y ofrecer agüita y caramelos.

Blockbuster vs. Netflix

Blockbuster: ese legendario rey azul de la renta de películas, con reglas muy definidas que parecían inquebrantables en los noventa pero que ahora parecen un chiste. Muchos de nosotros rentamos películas, pagamos recargos y fuimos felices hasta que alguien ofreció algo similar, pero más barato y desde la comodidad de nuestros hogares. En varias ocasiones, Blockbuster rechazó la oferta de comprar Netflix y también se negó a crear un programa de suscripción. ¿Cuántos Blockbusters has visto últimamente? ¿Cuántas casas tienen Netflix?

En todos estos casos no fue solo una buena competencia la que terminó con aquellos que se durmieron en sus laureles. Fueron ellos mismos quienes ignoraron las señales, no sintieron el agua calentándose y para mantenerse a flote quisieron volverse románticos en sus procesos y trato al cliente. Debemos estar dispuestos a cambiar, a renunciar y a escuchar al mundo que está afuera de nosotros; lo que alguna vez fue nuestra mayor fortaleza puede convertirse en nuestra próxima debilidad.

Los directivos aún invierten gran parte de sus presupuestos de publicidad en medios tradicionales para dar a conocer sus nuevos productos y promociones, sin ver todos estos casos en los que ignorar la innovación y las tendencias de los jóvenes han sido factores mortales para empresas enteras. Se excusan en términos románticos y tratan de juzgar a las nuevas generaciones por el uso de tecnología o por su sensibilidad cultural.

¿No estás seguro de que esto afecte tu vida? Piensa en una relación: no solo se trata de darlo todo; tenemos la creencia de que entregarnos por completo al otro resolverá nuestros problemas, PERO ÑO. No se trata de darlo todo, sino de dar lo que puedes, lo que quieras dar y de que ambos se sientan bien al respecto.

El esfuerzo no necesariamente debe sentirse como esfuerzo ni como sacrificio. Cuando estás feliz, fluye.

No puedes llamar a alguien «el amor de tu vida» y luego descuidar esa relación. Eso es ponerla en una jaula imaginaria que no nos permite querer estar mejor. No porque encuentres a algo o alguien y no lo dejes escapar, significa que es tuyo.

Querer solo los beneficios, en cualquier asunto, es una especie de zona de confort. Solo pides y pides sin dar espacio a la conversación, convenciéndote de que todo está bien aunque no sea así.

Podemos tener información y control sobre cómo son las cosas, pero las personas, los sentimientos y las industrias (formadas por personas y dirigidas a las personas) están en constante cambio y evolución. No porque ya sepamos cómo funcionan ciertas cosas ahora, y porque el futuro parezca algo incierto, nos quedaremos haciendo lo mismo de la misma manera solo para sentirnos tranquilos y protegidos a corto plazo.

LA FALACIA DE LOS COSTOS HUNDIDOS

La falacia de los costos hundidos o de los costos irrecuperables (*sunk cost fallacy*, si prefieres el inglés) es un término económico que se refiere a aquellos gastos pasados que ya no podrás recuperar. Esta falacia nos hace tomar decisiones irracionales porque agregamos un valor emocional: para obtener el dinero gastado (e irrecuperable) invertimos tiempo, esfuerzo y trabajo, lo cual creemos que se traducirá directamente en resultados o satisfacción.

Por ejemplo: pagas el buffet en un restaurante y, aunque al segundo plato te llenes, te obligas a ir por un tercero y un cuarto plato, e incluso tratas de comer postre para «desquitar» lo que pagaste. En realidad solo estás forzándote y dañando tu cuerpo. No es racional comer cuando ya estás satisfecho, pero le damos un valor agregado a seguir comiendo porque ya invertimos una cantidad en lo que se supone que debe ser la experiencia del buffet.

UNA EMPRESA INVIERTE 6 MILLONES DE DÓLARES EN UN SOFTWARE:

- Resulta lento y no tan bueno para los procesos requeridos, pero existe y logran trabajar con él, a pesar de todas sus fallas.

- Una desarrolladora independiente de software les ofrece uno que cuesta solo 1.5 millones de dólares y es mejor para los procesos de dicha empresa, pues lo hacen a medida y pueden actualizarlo constantemente.

Pero como el jefe ya invirtió 6 millones en el primero, obliga a sus empleados a seguir usándolo, aunque esto signifique trabajar lento y ofrecer productos de menor calidad. ¿Por qué, si solo entorpece a la empresa? Porque el jefe ya les agregó un valor emocional a esos 6 millones de dólares. Por tratar de sacarle provecho a la primera inversión, podría perder clientes y proyectos al usar un software que no le funciona como debería.

Lo mismo pasa con las relaciones: sí, ya viviste muchas cosas con tu pareja, pero no porque el pasado esté lleno de historias (valor emocional) te debes obligar a aguantar un presente tormentoso.

Estás sacrificando el presente solo porque ya invertiste tiempo y experiencias en el pasado, mientras esperas a que el futuro sea mejor. Aunque esto no sea racional, literalmente estás esperando a que suceda un milagro y tu pareja cambie y sea como tú quieres que sea.

¿Cómo vencer la falacia? SIENDO CONSCIENTES. Reconociendo que la cagaste sin obligarte a aguantar las consecuencias (OJO, no hablo de responsabilidades, solo estamos hablando de consecuencias que no tienes que vivir en realidad). Quédate con el aprendizaje y continúa con lo que sigue.

RECUERDA: no tienes la obligación de terminar un mal libro solo porque ya lo empezaste. Leíste las primeras 50 páginas y te diste cuenta de que no lo estás disfrutando, no pasa nada, déjalo y consigue uno que llame tu atención.

En YouTube

Decidí abrir un canal de cocina. Le iba bastante bien y tenía muchas visitas. Nos habíamos hecho ya de una sólida cantidad de suscriptores, pero pasó el tiempo y, aunque la cosa parecía ir bien, no estaba viendo la realidad: las recetas me costaban más de lo que generaba el canal en ganancias. Haber invertido en cámaras, ingredientes, edición y trabajo en general no me permitía ver que este canal no era un buen negocio; solo estaba perdiendo dinero por aferrarme a la idea de que ya había gastado tiempo y recursos. Cuando por fin decidí rendirme, sentí un alivio increíble y me di cuenta de que había caído en esa trampa tendida por Héctor del pasado. El dinero perdido era lo de menos, lo que más me sorprendió fue mi incapacidad para reconocer mis malas decisiones y todo el tiempo que tardé en por fin tomar la decisión de abandonar el canal.

Según la economía tradicional, los costos hundidos no deben influir en la toma de decisiones, pues no son un actor económico relevante para estas.

Esta trampa hace que nos aferremos no solo a proyectos y personas que ya no nos aportan; también al tiempo y dinero invertidos, aunque ya no estén. Nos impide tomar decisiones realistas y bien pensadas. Por eso para tu amiga o tu amigo a quien le cuentas tus problemas les es muy fácil darte una solución: «Ya corta», «Renuncia a tu trabajo», «No le hagas caso a tus padres», «Salte de la carrera», porque ellos tienen otra noción de la realidad al no haber trabajado o sentido tantas cosas como tú, ellos no suman el valor simbólico que tú le das a lo perdido.

Debemos preguntarnos:

¿Cuánto me está costando esto en realidad?

EJEMPLOS FINALES:

- Demandar a alguien y terminar gastando más dinero en abogados que lo que obtendrías ganando el juicio.

- Una relación tóxica que te ha alejado de tu familia, amigos y proyectos. ¿En verdad importa más lo que ha durado la relación que la persona con la que estás en ella?

- Enamorarte de tu primer proyecto y sacrificarlo todo (incluso la posibilidad de comenzar nuevos, distintos) por querer realizarlo, en vez de abrir tu mente a más historias, personajes y oportunidades. Después de entregar tanto trabajo y tiempo perfeccionándolo, tus referencias y planes se vuelven obsoletos, alejándote de la realidad y sin aprovechar tus talentos.

No dejes que lo perdido defina lo que seguirás perdiendo.

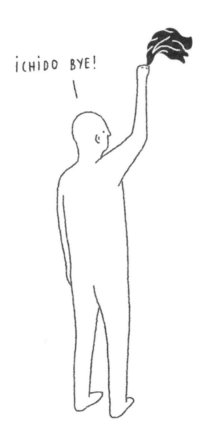

EL PRINCIPIO DE PARETO

Este principio (o regla del 80/20) nos explica cómo en general la vida no es proporcional (o justa), empezando con que el 80% de las riquezas del mundo pertenecen a 20% de la población.[*]

Se puede usar para medir el esfuerzo que ponemos en algún proyecto o acción. Si 70% de nuestras ganancias las genera el 30% de nuestros clientes, entonces deberíamos mandar a la fregada al 70% de los clientes que solo nos genera el 30% de la ganancia, ya que a todos les damos la misma atención y dedicación sin obtener resultados proporcionales.

Si tenemos recursos limitados, ¿no es mejor utilizarlos en lo que más resultados o ganancias nos genere? O sea: hay que rendirnos con una parte de nuestro esfuerzo.

EJEMPLO:

Digamos que mañana te vas de vacaciones, pero solo tienes una hora y 40 minutos para hacer reservaciones de hotel y planear lo que harás.

---

[*] Marta Guerri (s.f). El Principio de Pareto, la regla del 80/20. Recuperado de https://www. psicoactiva.com/blog/principio-pareto-la-regla-del-8020/

Tienes 100 minutos para elegir un hotel en el que solo vas a dormir, pero solo necesitas 20 minutos para ver las reseñas y calificaciones de los clientes; el resto del tiempo te la pasas viendo mapas y fotografías para tomar una mejor decisión a partir de los hoteles candidatos. Desde que viste si tiene una buena calificación en la sección de ubicación, seguridad o limpieza de acuerdo con huéspedes pasados, tienes una idea muy clara de donde deberías quedarte.

¿Qué pasa si decides utilizar todo tu tiempo en hacer tu reserva de hotel, pero no alcanzas a reservar ningún tour?

Rendirse es agilizar

Si solo usas los 20 minutos de las reseñas para decidir (al final sí puedes ver buenas fotos, pero un hotel que tiene mala calificación de sus huéspedes lo alejará de volverse el elegido), te quedan 80 minutos para buscar tours, recomendaciones, restaurantes, etcétera.

Sí, podrías tomar una decisión muy informada usando los 100 minutos en escoger un hotel, pero tus vacaciones no solo dependen del hotel en el que dormirás; también de las comidas, las atracciones o museos que visitarás.

Desde que viste que el Hotel Margaritas tenía 9.8 de calificación y una promoción de descuento, decidiste que ahí reservarías, y por más que sigas comparando, la información nueva no aportará tanto como la primera que recibiste: su calificación.

Podemos ahorrar tiempo, pero aun así necesitamos usar el 100% de nuestro tiempo y esfuerzo, solo que bien distribuidos para lograr mejores resultados.

Lo puedes usar también para reducir estrés y elegir qué proyectos necesitas pausar o ponderar. Utiliza el principio de Pareto para identificar de dónde viene tu intranquilidad o inestabilidad económica.

UN PERRITO BEBÉ

¡Mira, un perrito bebé!
No te abrumes. ¡Ánimo!

LA FALACIA DEL APOSTADOR

Básicamente creemos que por hacer algo muchas veces tendremos más posibilidades de ganar o de obtener mejores resultados (desde luego, en temas que no requieran de habilidad, práctica ni buena técnica). Creemos que si tiramos una moneda y sale águila, existen más posibilidades de que la siguiente sea sol. Tratamos de encontrar un patrón para predecir y adelantarnos a los resultados, pero hay situaciones en las que así no funciona, porque la moneda no se acuerda de qué lado cayó antes: la moneda no vuela pensando: «Ey... le debo una a este tipo, como que caí muchas veces del mismo lado».

Somos tan buenos para reconocer «señales» o «patrones», incluso aunque no existan. Cuando las probabilidades de la moneda son 50/50, los resultados del primer lanzamiento no cambian esas probabilidades; no le sale otra águila a la moneda, las opciones siempre serán esas dos.

Que un suceso ocurra después de otro no significa que estén conectados; que atropellaran a tu ex que te hizo sentir mal no significa que el karma haya hecho lo suyo, solo que el pendejo debería voltear para los dos lados antes de cruzar la calle.

La ciencia se encarga de demostrar con base en estudios, experimentos; repite procesos y sucesos, reconoce patrones y consecuencias para descubrir cuál es un patrón real y cuál es coincidencia.

Si diez personas visitan un casino y apuestan un dólar, tienen las mismas posibilidades de ganar o perder que una persona que va al casino por diez días y apuesta un dólar. Cada vez que juega no afecta la siguiente, algo termina y algo comienza otra vez cuando apuestas otro dólar. Esta falacia crea una especie de paranoia, haciéndonos creer que la repetición de acciones que no están conectadas afectan la una a la otra.*

Es como si pensaras que si ya tuviste dos malos novios, el tercero será mejor. Estas personas no están conectadas, no se conocen y el universo no te va a corresponder solo porque sufriste antes. Hay demasiados factores que debes tomar en cuenta que están fuera de la ecuación de tu «apuesta».

Esta falacia nos hace creer que en acontecimientos aleatorios nuestro esfuerzo agregará una ventaja a lo que nos gustaría que fueran los resultados. Creemos que porque lanzamos un dado y salió dos, lo más probable es que este número no vuelva a salir; pero al dado no le importa nuestra esperanza ni el dinero que perderemos por su culpa. Con el azar siempre se empieza desde cero.

Hay eventos que no podemos controlar. Repetir la misma actividad muchas veces no agrega valor a los resultados ni altera las consecuencias. Al tratar de tomar el control de la situación, nos damos la responsabilidad de seguir intentándolo aunque no dependa de nosotros. Este extraño efecto hace que le otorguemos el poder a una señal que nos inventamos para que parezca que nuestra opinión le importa al universo.

Debemos aprender a reconocer qué está y qué no en nuestro poder. Buscamos encontrar patrones en cosas externas a nosotros que no podemos controlar. Lo único que sí podemos hacer es reconocer patrones en nuestra personalidad y decisiones, dejar de lanzar la moneda, de apostar sin sentido, de intentar cambiar a alguien.

Cuando los eventos son independientes uno del otro, repetirlos y ser «perseverante» con tus intentos no significa que obtendrás mejores resultados.

---

* Camaersky, A. y Kahneman, D. (1974). «Heuristics and Biases: Judgement under Uncertainty». *Science*, 185, 1124-1130.

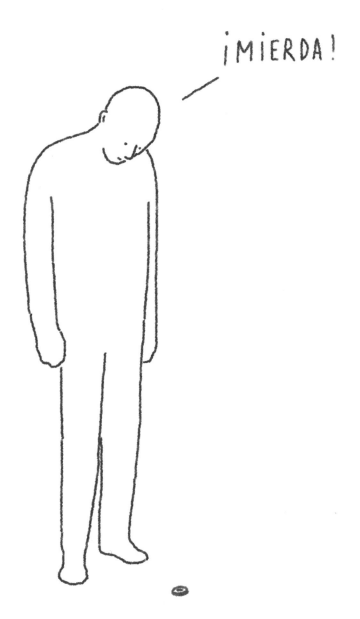

QUERÍA UN SÁNDWICH DE ATÚN

No tener opciones puede ser un lujo

Fuimos a un restaurante de franquicia con uno de esos menús que tienen diez páginas y más de 60 platillos para elegir. Pude haber ido a un deli donde solo hubiera dos opciones: el sándwich de atún y el de jamón y queso.

Lo que quería originalmente era el sándwich de atún y lo hubiera elegido en ambos restaurantes para satisfacer mi antojo; la diferencia es que en el restaurante con menú infinito vi todo lo que me perdía, surgieron nuevos antojos y, a pesar de que tenía claro lo que quería, tantas opciones crearon el sentimiento (o la ilusión) de que había perdido la oportunidad de pedir una de las 15 crepas o una de las diez hamburguesas en el menú. Yo quería el maldito sándwich de atún, nada más.

Lo mismo pasa con las relaciones, cuando nos dejamos distraer por otras personas. Lo mismo pasa en el trabajo, cuando volteamos a ver lo que hacen los demás. Tener tantas opciones nos hará dudar de nuestra decisión, pero así es la vida: cada vez hay más opciones, así que no se trata de taparnos los ojos, sino de recordar qué venimos a buscar a este restaurante.

Mientras más opciones tengamos, más tiempo perderemos decidiendo en vez de disfrutar lo que nos gusta. Y tú bien sabes qué te gusta.

Aprendemos, entonces, que tener un mundo de posibilidades se consideraba un lujo, pero lo de hoy es la practicidad. Ahí tenemos a los genios de nuestra generación usando únicamente playeras negras o sudaderas grises, a los mejores restaurantes del mundo eligiendo el menú por sus clientes, tiendas que se especializan en un solo producto.

Cuando dejas tu trabajo, una relación, una carrera o incluso una amistad sin saber lo que quieres, los demás te van a querer hacer sentir mal, buscarán que te arrepientas: ¿cómo puedes tirar todo a la basura sin saber hacia dónde vas, sin saber qué quieres? Pero hay situaciones que sirven precisamente para eso, para saber qué NO queremos, cómo NO nos gusta que nos traten, cómo NO nos sentimos a gusto trabajando, qué ambiente laboral NO nos ayuda a sentir que avanzamos o crecemos.

RECUERDA: para saber lo que queremos, tendremos que eliminar

lo que NO queremos. Reconocer lo que no estás dispuesta a hacer te ayuda a eliminar opciones, ser más práctica y disfrutar más. Tener menos opciones es un lujo. Encontrar el trabajo perfecto no siempre será posible: tendrás que ceder algunas veces, pero creo que es muy parecido a jugar Adivina Quién? y bajar tarjetitas mientras avanzas:

¿TU TRABAJO PERFECTO ES EN UNA OFICINA?

¿NO? Bajas la tarjeta de la oficina.

¿TU TRABAJO PERFECTO TE PIDE QUE VIAJES?

¿NO? Bajas las que impliquen viajar.

Y así sucesivamente, hasta que en tu tablero haya tres para elegir. Por otro lado, si te quedas sin tarjetitas, tal vez debas volver a empezar o inventar tus propias tarjetitas.

¿Has notado cómo en Facebook tienes más de 1000 amigos, pero solo ves las noticias de las mismas 100 personas todos los días? Facebook es más selectivo con nuestras amistades que nosotros mismos: sabe que el cerebro humano solo recuerda un promedio de 100 personas a la vez y que cuando perdemos contacto olvidamos a los demás; los almacenamos en fólders den-

PEQUEÑO MANTRA MINIMALISTA:

Si no recuerdo su existencia, no lo necesito.

NORMALMENTE MANTENEMOS NUESTRAS PRIORIDADES CERCA.

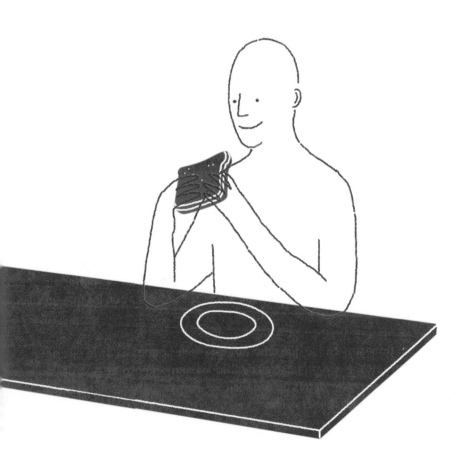

tro de nuestra cabeza, pero no podemos usar toda esa información al mismo tiempo porque mucha de ella es inservible. Seamos un poquito minimalistas: conservemos lo necesario.

Menos personas = menos compromisos, menos pendientes = menos estrés, menos muebles = menos cajones y menos cajones = menos cosas guardadas.

Si no has utilizado ese suéter café con cara de reno en los últimos diez años, ¿lo vas a usar de nuevo algún día? Déjalo ir. Un museo solo puede elegir un número pequeño de obras dignas para exponerse; si no, sería como cualquier otro cuarto repleto de piezas de arte. Para comprometernos de verdad con una causa, una persona o proyecto, debemos abandonar la idea de tener todas las opciones a la mano.

El minimalismo no es solo para diseñadores de interiores, es una manera de ver la vida que busca simplificar nuestras decisiones, nuestra forma de vivir en general. Echemos a pelear el quiero vs. el necesito. No solo aplica con sillas o ropa; también con la información que consumimos, los pendientes innecesarios que agregamos a nuestras listas mentales, la gente con la que convivimos, el número de personas de las que dependen nuestras finanzas, etcétera. A ver, tampoco se trata de que vivas sobre un tapete en medio del desierto y te deshagas de todas tus cosas preciadas; solamente es reconocer qué ropa de verdad te hace sentir cómodo, qué libros de verdad te seguirán haciendo crecer y qué posesiones te llenan o te sirven.

Claro que puedes contratar a una persona muy talentosa para tu compañía, pero ¿la quieres en tu equipo solo porque es talentosa o porque de verdad puede aportar algo a los retos actuales de la compañía? No podemos ser el niño caguengue que no deja a nadie tocar sus juguetes con los que no está jugando.

Debemos ser honestos con lo que creemos que necesitamos y con lo que de verdad disfrutamos, evaluar nuestras decisiones al momento de guardar o comprar algo para poder darles un propósito a elementos más importantes que simples objetos en nuestra vida.

LA FALACIA DE LA PORTERÍA VIVIENTE

Pensar demasiado las cosas solo para preocuparnos es muy diferente a analizarlas para tomar una acción informada, sobre todo cuando estamos dándole vueltas a un tema subjetivo.

«¿Por qué, Héctor? ¿Qué tiene de malo que no duerma por estar pensando en que el horóscopo me dijo que una persona cercana me traería malas noticias?».

PRIMERO: a nadie le importa; segundo: en temas subjetivos no podemos cuantificar para predecir resultados. Solemos aferrarnos a la misma información y sufrimos por tratar de encontrar significados o señales. Simplemente no puedes porque, si se trata de personas (casi siempre se trata de personas), todo es impredecible, no podemos controlar lo que los demás piensan o hacen y no tendríamos por qué sufrir por ello.

Si haces una lista de pros y contras de tu amistad o tu relación para decidir si terminar o no, sabes que ya hay algo que te está haciendo evaluar la relación y que al final te va a doler (y también a la otra persona). No hay manera de evadir el dolor, debes pensar a largo plazo. Pero darle demasiadas vueltas a un asunto sin hacer nada es también una decisión, aunque no requiera ningún tipo de acción. No hacer algo también tiene consecuencias después de todo.

Es natural preocuparnos

David Levari, investigador postdoctoral en Psicología en la Universidad de Harvard, decidió hacer un experimento para mostrar por qué nuestro cerebro decide seguir buscando problemas o preocupaciones, aunque no los haya.* A los voluntarios se les mostraron series de imágenes con caras diseñadas por investigadores (algunas muy amenazantes y otras todo lo contrario) y se les pidió que identificaran cuáles consideraban amenazadoras o sospechosas.

Con el tiempo se les mostraron menos y menos caras amenazantes, y ellos siguieron buscando la variación, es decir: veían caras que anteriormente no consideraban una amenaza, pero al tener menos opciones que les dieran miedo o cayeran en la descripción, sus estándares de amenaza cambiaban para poder seguir detectando a los «malos». Lo mismo hicieron con puntos azules y morados en vez de caras (mucho más simple) y obtuvieron los mismos resultados (incluso sin usar visualizaciones). **Buscamos estar alerta todo el tiempo y eso cambia la definición de lo que podría hacernos daño o no, aunque signifique cuidarnos de aspectos inofensivos solo porque hemos tenido malas experiencias en el pasado.**

Como ya lo hablamos, el cerebro siempre está comparando y midiendo; la mayoría de las veces ni cuenta nos damos. Por ejemplo, nuestro cerebro mide dimensiones todo el tiempo y las compara con nuestro cuerpo. Por eso podemos recargarnos en una silla sin caernos o caminar sin chocar contra alguna pared.

El problema es cuando simplemente no nos dejamos ganar, transformamos nuestros logros en fracasos porque cambiamos la definición de nuestras metas para seguir encontrando de qué preocuparnos. En psicología se le llama

---

* David Levari (2018). ¿Por qué nuestro cerebro siempre encuentra problemas? The Conversation. Recuperado de http://theconversation.com/why-your-brain-never-runs-out-of-problems-to-find-98990

«la falacia de la portería viviente» o «la falacia de mover la portería». Es como si moviéramos los postes de la portería en un partido de futbol (cambiando la forma de la cancha), lo cual haría que, aunque cruces todo el campo hasta el otro lado, tu gol no valga porque el portero movió su portería. Como el maestro que no te dará tu calificación hasta que cumplas ciertas tareas y, justo cuando vas a entregárselas, te agrega más tareas o las cambia.

Lo peor es que muchas veces nosotros movemos nuestra propia portería porque sentimos que lo que hacemos no es suficiente.

Imagina que vas a arreglar tu casa y comienzas por la sala. Tu objetivo era tener un lugar cómodo para poder leer, con un sillón y una lámpara. Pero una vez que tienes ambos, comienzas a sentir que algo falta. ¿Una mesa? La que te gusta no va con el sillón: decides comprar otro, de cualquier manera el primero no te gustaba mucho. ALERTA: estás cambiando el objetivo del área. Podrían pasar meses antes de que te sientes a leer, perderás tiempo y dinero al tratar de tener la sala perfecta y lo único que querías era sentarte a leer cómodo. Cambiaste (y prolongaste para siempre) la idea de leer por no estar satisfecho con tu nueva meta. No te apures por la sala, busca cualquier lugar cómodo y siéntate a leer este libro.

Es como cuando discutes con un contreras que va cambiando el punto de la discusión solo para que no puedas tener la razón (aunque, de todas formas, ya hablamos sobre cómo no necesitas a este tipo de personas en tu vida). Le dices que puede reservarse sus ganas de discutir y te despides. Así de firmes tenemos que ser con nuestras metas, solo así sabremos reconocer cuándo las hemos alcanzado y las disfrutaremos para mantenernos motivados.

Si te topas con un jefe, socio, compañero de trabajo, supervisora, novio o familiar que mueve tu portería, ignorando tus avances, tu trabajo, tus argumentos o tu evidencia, esa es una señal de que no hay manera de lograr tu objetivo. Es un buen momento para rendirte. Muchas veces utilizan esta táctica para no decirte la verdadera razón por la que no te quieren contratar o no te quieren ayudar —según sea el caso—. Te piden tu currículum y, aunque en ninguna parte de los requisitos dijera que necesitas saber nadar, lo usan como excusa y te lo piden en el momento. Pero no están ganando, te están perdiendo a ti, bebé.

EL ENVASE
(Las metas no son una obligación)

Tú no eres tus metas. Cuando abandonas un proyecto, no abandonas tu esencia ni matas lo que ibas a ser cuando terminaras ese proyecto, porque ese *tú* nunca existió ni existirá. No te puedes enamorar de algo que nunca estuvo ahí y lo más probable es que ese *tú* en aquel universo alterno en el que sí terminaste el proyecto esté estresado y haya tenido que hacer sacrificios que ahora lamenta. Así estás bien, solo piensa en lo que realmente quieres y dedícale todo; si no sale, tranqui, de todas formas cambiarás objetivos, gustos y metas.

NO SIEMPRE DEBES TENER PLANES

Estamos acostumbrados a juzgar a las personas que no tienen planes, que no tienen metas, gente sin un futuro brillante en sus mentes. Ese es el problema: los juzgamos «porque no piensan en grande», pero si volteas a tu alrededor y escuchas con atención, encontrarás gente que aunque sí tiene planes está en la misma situación. ¿Cuál es la diferencia? Los que sí tienen planes pero tampoco están haciendo nada sufren de ansiedad porque los persiguen esos planes jamás cumplidos.

Nunca juzgues a una persona por no tener planes ambiciosos, podría haber encontrado lo que la mayoría sigue buscando: satisfacción.

IMAGINA LA SATISFACCIÓN COMO UN ENVASE. Algunas personas tienen un jarrón de dos litros y no descansarán hasta que tengan el coche de sus sueños, algunos tienen un vasito de bebé (después de investigar, ahora sé que los vasitos de bebés se llaman biberones) que se llena rápidamente y otros tienen una cuchara que con unas cuantas gotas se llena (no sé por qué, pero tienen una cuchara). No puedes juzgar a alguien porque su envase sea más pequeño: hay gente que tiene garrafones de 20 litros llenos de orines y otras personas tienen un *shot* de Macallan de 60 años (cuesta como 500 000 la botella; nunca lo he probado, pero qué loco, ¿no?).

Todos los envases son diferentes y todos los llenamos con contenidos muy distintos, y eso está bien. Hay diversidad en lo que nos satisface, y fluctúa durante nuestra vida.

Tal vez tú percibes la vida como una carrera y estas personas la perciben como una banca frente a un lago con pinos y cisnes, solo quieren disfrutar la vista. Al final todos estamos en busca de esa paz que ellos ya tienen, lo mejor es respetar y tratar de entender a la gente feliz en vez de juzgarla porque a los ojos de la sociedad «se conformaron».

Si tu amigo encontró la felicidad al quedarse en la ciudad en la que creció, con sus amigos de siempre y teniendo una familia, entonces tu papel es solo estar feliz porque su envase está lleno. Cuando inspiras a los demás eres UNA MALDITA FUENTE, te llenas de agua y les das agua a los demás. Voltearán a ver tu fuente y van a querer algo. Si así lo quieres, nunca dejes de darles agua; no se acabará.

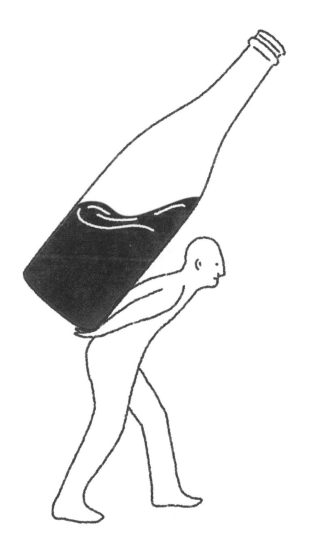

SÉ ALEMÁN

Y aprende a escuchar cosas «feas» sobre ti

En 2014 tuve la oportunidad de ser voluntario en un campamento en Berlín. Muchos de los voluntariados actuales implican estar enmedio de la nada cuidando ovejas o bebés en alguna montaña sin internet, pero esta vez tuvimos la suerte de estar justo en medio de una de las ciudades más cool del universo.

En el viaje aprendí sobre la honestidad de los alemanes, que suele ser diferente a la honestidad latina.

En México, cuando le pedía a alguien un favor, decía que sí para luego batallar porque no tenía tiempo de hacerlo o para después hacerlo de mala gana; los resultados eran mediocres. Cuando a un alemán se le pregunta por un favor, si no puede o no quiere simplemente dice que no. Nadie se ofende y la amistad sigue.

«Me encantaría poder, pero no quiero».

PHOEBE BUFFAY

Tener la cultura latina en Alemania era como tener un superpoder, un superpoder de villano.

Te puedes subir al metro y no hay nadie que revise si tienes o no boleto, así que no TIENES que pagar. No hay de esas puertas que limitan la entrada solo a quienes tengan boleto. Cualquiera que pase por la puerta asegura con su mera presencia que pagó el boleto. A mí me pareció una GRAN prueba de honestidad, pero para los alemanes era algo completamente normal.

En el campamento teníamos tareas diferentes cada día: limpiar, recoger materiales de construcción, pintar, transportar herramientas y nuestro favorito, cocinar. Nos teníamos que levantar a las cinco de la mañana y cocinar todo el día desayuno, comida y cena para 30 personas.

Uno de los días en los que nos tocó cocinar simplemente fuimos a una tienda, compramos un pay de manzana congelado, lo metimos al microondas y les contamos a todos que era la receta de mi abuela y lo habíamos cocinado desde cero. Nadie lo cuestionó, todos lo creyeron.

Pero ¿de qué servía mentir? ¿Qué clase de satisfacción falsa era esa? Si la realidad era otra, no me daba ningún tipo de ventaja. Aunque lo del pay pueda resultar muy gracioso (porque lo es, la neta), muchas veces no somos honestos solo por quedar bien y llegamos a ser deshonestos con nosotros mismos (incluso creyéndonos nuestras mentiras), y al final nos dañamos o lastimamos a los demás.

Luego encontraron la caja en la basura, se rieron y fuimos a comprar más pays.

RÍNDETE CON LA AMABILIDAD HIPÓCRITA

En la vida te vas a encontrar con más de una persona que te hable bonito, que siempre te sonría mientras te escucha, a la que todo lo que hagas le parezca perfecto, porque en realidad no piensa gastar energías en decirte lo que de verdad piensa. En su cabeza pasan mil ideas de cómo fregarte y apunta cada «error» que cometes. No te los dirá en tu cara, se los contará a otras personas.

¿Vale la pena pensar que todos son tus enemigos? ¿Que todos nos quieren fregar a nuestras espaldas?

No.

Si de verdad te importa alguien, díselo a la cara.

No es sano, es malgastar energía, pero sí, ya sé que vendes elotes, no necesito que me hables bonito, te voy a comprar uno cuando se me antoje, fin.

No es que seamos adictos a la falsedad, sino que no nos gusta que nos corrijan. Evitamos el conflicto y las conversaciones incómodas sobre lo que nos falla, así que terminamos rodeados de gente hipócrita pero amable.

Te ha pasado, ¿no? Que regañas tanto a tus amigos porque se dejan mangonear por su pareja o por la manera en la que ejecutan sus proyectos, que dejan de contarte las cosas para evitar tus regaños y seguir haciendo lo mismo. Terminan atrapados en un ciclo vicioso.

Que no te dé pena intervenir. Si de verdad te importa alguien, díselo a la cara. Esa es la realidad. Cuando alguien no quiere nada de ti más que tu bienestar, tal vez no te hable de la mejor manera, pero te va a dar algo sumamente valioso: su honestidad.

En el camino de tu realización laboral (hacer lo que te gusta y ganar dinero, o hacer lo que no te gusta pero ganar suficiente dinero como para que no te importe), necesitarás a dos personas: una que te dé alas y otra que tal vez vayas a odiar pero que te mantenga con los pies en la tierra. Aunque esta persona pueda parecer pesimista (y por eso no debes tomar todo lo que dice como la verdad absoluta), más de una vez te dará puntos importantes para tomar en cuenta. Ah, sí, esas dos personas pueden ser una misma.

No es posible ser extremadamente positivo siempre. «¿Por qué, Héctor, si todo está en la actitud?». Porque hay una delgada línea entre ser positivo y ser ignorante de la realidad.

No tengas miedo a ser honesto solo porque alguien se pueda ofender.

SÉ UN COMEDIANTE
Y aprende a reírte del fracaso

ES EXTRAÑO: vivimos en una sociedad que nos enseña a tener más fe en políticos y dioses que en nosotros mismos. No digo que no sean buenos y misericordiosos, pero mientras ellos deciden por dónde empezar a mejorar nuestro planeta, tú puedes empezar por ti (ya sé que has escuchado esa frase, no me voltees los ojos).

Es básico reírse de uno mismo, es el principio que más gusta de los cómicos. Esperamos a que nos pase algo malo para después tener una muy buena historia. No tomarnos a nosotros mismos en serio nos crea una visión graciosa de nuestra propia existencia. Te ríes de tus peores momentos, aprendes de tus peores momentos.

Desde pequeño he sido gran fan de la comedia, mi superhéroe favorito a los cinco años era La Máscara (Jim Carrey). Luego me di cuenta de que tal vez no era un superhéroe muy sano para un niño, pero al menos no le importaba hacer el ridículo mientras vencía a los malos. Mis papás me han enseñado a cagarme de risa de todo, sobre todo de lo malo. La vida es muy irónica, así que hay que hacerle segunda de vez en cuando.

Cuando estoy nervioso me río muchísimo, pero sé que son los mejores momentos de la vida. Cuando no sé qué decir, me río y por eso siempre estoy cagado de risa.

A simple vista no se nota: en la comedia hay muchísimo dolor, pero también la respuesta a esas cosas que lastiman. Hay esperanza cuando alguien está llorando y de repente suelta una pequeña risa. La comedia a veces aparece cuando menos te lo esperas, y no es una casualidad. Veamos la ecuación que encierra la ciencia detrás de la buena comedia:

TRAGEDIA + TIEMPO = COMEDIA

Cuando nos rendimos ante la verdad, cuando reímos ante nuestros infortunios, al mismo tiempo los estamos venciendo.

Tig Notaro alcanzó la fama al reírse cuando tuvieron que quitarle los senos para vencer al cáncer, **Sarah Silverman** nos recuerda lo mucho que amaba a su perro al hablar irónicamente de su muerte, **Chris Rock** nos dio uno de sus mejores especiales y grandes lecciones sobre las relaciones siendo totalmente honesto sobre su divorcio.

Entonces, ¿por qué no podemos tomar en serio a los comediantes si nos dicen la verdad y además nos dan lecciones de vida?

Si abordas como comediante cualquier mala experiencia (casi cualquiera), podrás convertirla en una gran historia cuando termine (después de llorar varias horas bajo la regadera). Puedes verlo como algo malo que te pasó a ti, pero que puede ayudar a que alguien más se sienta mejor.

No te sientas mal por reír de tus problemas: cuando te ríes, escuchas, aprendes y te conoces a ti mismo a través de las palabras de alguien más. Alguien puso en palabras tus sentimientos y opiniones y cuando hace *clic* te ríes. La comedia es como un caballo de Troya para la verdad.

El punto del buen *stand-up* no es decir chistes; el *stand-up* viene de un lugar muy personal y honesto, de la base de nuestra existencia: conocernos lo suficiente para poder mostrarnos a los demás sabiendo que alguien en el público se va a identificar con nuestra lucha, nuestras desgracias y problemas. Se trata de mostrarnos vulnerables para hacer sentir mejor a otros y conocernos mejor a nosotros mismos. ¿Te parece una casualidad que el *stand-up* haya comenzado en bares y parezca una plática con el cantinero?

Aquí van algunas reglas de la comedia e improvisación que podemos aplicar en nuestro trabajo, nuestras relaciones, nuestras amistades…, en la vida en general:

1. Si puedes ser tú mismo, nadie ocupará tu lugar.

2. Responde a lo que te pregunten con «sí, y...». Es lo más importante de la improvisación: acepta la situación y trata de explicarla desde la perspectiva cómica. Se trata de construir algo con tu compañero y aprovechar lo que sucede en el presente; en este caso se trata de agregar para ayudar y salir adelante como equipo.

3. Solo haz lo que a ti te parezca gracioso, no lo que crees que al público le gustaría.

4. Ponte personal con la audiencia, conecta.

5. Tu compañero es un genio, no te puedes burlar de sus propuestas. Todo lo que diga está bien y debes trabajar con lo que te da. Apóyalo y dale confianza (*ok*, este punto tal vez aplica más para la improvisación que para otras áreas donde sí debemos analizar nuestro criterio y el de los demás, pero sí ayuda en la innovación y en presentaciones).

6. Nunca preguntes si es gracioso. ES gracioso. Tienes que estar seguro de lo que dices. Si tú crees en ello, los demás creerán en ti.

7. No existen los errores, solo oportunidades de cambio. La improvisación no tiene un guion y tu vida tampoco.

8. No estás casado con nada de lo que digas. Si algo cambia y decides tomar un camino distinto, no regreses a viejas ideas o situaciones que te hicieron daño.

9. Sácales provecho a tus gustos raros o diferentes. No voltees a ver a tus contemporáneos, pues probablemente terminarás influido por sus actos.

10. Escribe algo que te entretenga. Si no eres gracioso, sé interesante. Todo puede ser una buena historia, solo depende de cómo la cuentes.

11. La comedia se nutre de la miseria: si tu vida es perfecta, serás un terrible comediante. El público quiere identificar sus problemas en ti.

12. No pendejees a nadie, nunca. Permite que los demás interpreten y no caigas en lugares comunes. No existe mal público, solo malas decisiones.

Las palabras deben estar respaldadas por ideas sinceras, de lo contrario solo son discursos al aire. Por eso los debates de los políticos terminan tratándose sobre la elocuencia con la que hablan y su carisma, sobre hablar bonito en vez de escuchar propuestas. Prefiero un tartamudo que mantenga las calles limpias y seguras a un experto en oratoria que no hace nada. Y como no sabemos rendirnos ante la tragedia para volverla comedia con el tiempo, perseguimos a las personas equivocadas. La sociedad ataca a quien haga un chiste sobre un gato atropellado antes de atacar a quien atropelló al gato. ¿Por qué? Porque es más fácil.

En YouTube

Si de algo nos han criticado a los creadores de contenido es de la falta de censura (como en la televisión); no nos detenemos a la hora de decir «malas palabras», de quitarnos filtros. Las malas palabras son sonidos que molestan a la gente por el significado que otorga el receptor según su cultura y el tono que le dé quien la enuncie. Sí, es algo muy primitivo ofenderse por un simple ruido e ignorar el mensaje final que podría ser importante y positivo.

«El lenguaje político está diseñado para que las mentiras suenen como verdades y el homicidio como algo respetable».

GEORGE ORWELL

ÍDOLOS

¿A quién te quieres parecer en unos años?

En estos tiempos estamos llenos de ídolos, semidioses inalcanzables que dicen en voz alta lo que pensamos y queremos oír. Ellos no nos cuestionan, solo nos dan arte y placer porque ellos ya piensan y sienten por nosotros al escribir sus canciones o actuar en películas, así que solo nos queda comprar boletos para sus conciertos y aventarles nuestros calzoncitos mojados. Nos muestran cómo es la vida ideal, nos inspiran, pero no nos muestran el camino. En consecuencia, esa inspiración puede volverse frustración rápidamente.

Lo que hacen falta son mentores, personas reales a las que aspiremos ser en cinco o diez años, que nos regañen, nos den consejos y existan en el mismo universo que nosotros. Un mentor es alguien que responde tus dudas por más tontas que sean, te toma en serio aunque te falten años de experiencia, cree en ti, no tiene problemas para explicarte cómo funcionan las cosas porque se alegra de que te vaya bien.

Los mentores son quienes hacen la diferencia entre admiración y aprendizaje, nos dan la posibilidad de actuar y reconocer qué buscamos en realidad. El ya muy visitado refrán «Dale un pescado a una persona y comerá un día, enséñale a pescar y comerá toda su vida» lo explica bien: el pescado es un ídolo, la pesca es un mentor.

Poco a poco el mundo se da cuenta de qué genera más confianza: un creador de contenido que lleva años hablando de celulares, maquillaje o viajes, o alguien inalcanzable que aparece en la televisión haciendo recomendaciones de lo que se le pida. Antes nos daba confianza algo grande, algo masivo, pero ahora sabemos que el verdadero poder está en los nichos, en las pequeñas comunidades y en la transparencia.

Suena más fácil encontrar a Mew* en la versión amarilla que a un mentor. Es más difícil que encontrar a Wally o a la mamá de Luis Miguel, yo lo sé, pero sí existen. Si no fuera por el maestro Roshi, Goku jamás habría descubierto su verdadero poder. Si no fuera por la nana Calixta y su poder satánico, Soraya Montenegro jamás se habría vuelto tan poderosa.

Los mentores deben ser gente real que comparta experiencias reales, tanto buenas como malas; y si se trata de un mentor profesional, que nos oriente sobre su oficio, que se convierta en una guía a la cual podemos volver para plantear cualquier duda, para resolver inquietudes que nos ayuden a construir un camino propio. Solemos quedarnos con dudas muy sencillas y pasamos cinco años o más estudiando una carrera sin tener la más mínima idea de cómo es un día real en ese trabajo que tanto anhelamos.

LA ISLA DE LA REALIDAD

Estimados pasajeros: Habla Héctor, el capitán de esta nave. Ahora mismo nos ubicamos a miles de piecitos de altura, sobrevolando la isla del confort para dirigirnos al destino de este vuelo: la isla de la realidad. A la izquierda nos encontraremos con la pequeña pero muy visitada isla de la perfección, famosa por todas las construcciones que nunca lograrán completarse, porque entonces serían perfectas y, bueno, para los perfeccionistas eso es imposible. A la derecha podemos observar un cielo despejado que atardece sobre la isla del desempleo, cuyos habitantes pasan el tiempo en absoluta angustia y sin posibilidad de encaminarse al archipiélago de la estabilidad, aquel lugar soñado para el que el pasaporte de la renuncia es un requisito indispensable.

Todos creemos que cuando nos entreguen el título profesional nuestra vida va a cambiar y evolucionaremos como Pokémon, que los empleadores correrán a nuestros pies pidiendo que trabajemos con ellos, PERO NO ES ASÍ.

---

* Es una de las criaturas de la franquicia Pokémon.

El tema es que toda la gente en tu carrera está aprendiendo lo mismo que tú y saldrá a buscar el mismo trabajo que tú. Es como *Los juegos del hambre*, por eso debemos salir al mundo real antes de que nos avienten a competir por la comida. Debes aceptar que nada va a cambiar cuando te titules, lo que no sepas hacer antes de recibir tu título no va a aparecer en tu cerebro mágicamente cuando lo obtengas. Por ello es bueno ser diferente a los demás, así que, en vez de tener metas inalcanzables que te deprimen porque solo gente famosa y millonaria las ha alcanzado, busca MENTORES, no ídolos.

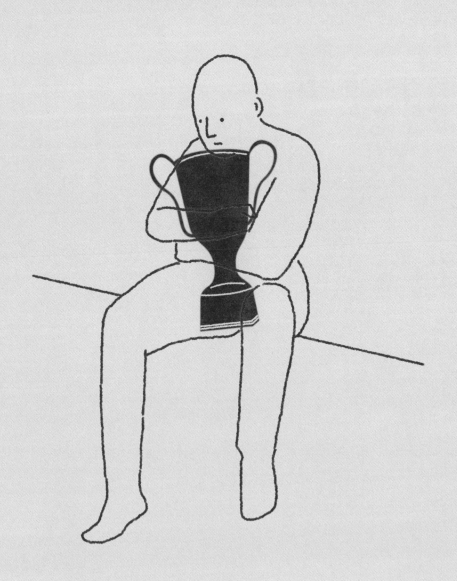

EL CUADRO DE HONOR

(Por qué los reconocimientos no son importantes)

¿HACEMOS LAS COSAS BIEN PARA TENER UN RECONOCIMIENTO O LAS HACEMOS POR HACERLAS BIEN?

La satisfacción es tuya, pero el reconocimiento viene de los demás. El problema es que no somos un programa de televisión y a veces parece que debemos mantener el *rating* a tope: nos preocupa tanto que nos digan si lo estamos haciendo bien o no, que volvemos protagonista de la historia a quien da la opinión y no a quien vive la experiencia.

(Re)conocimiento, la misma palabra lo explica: alguien debe validar que la información que tenemos es correcta. Es como un *double check* muy útil en algunos escenarios, pero nada práctico para nuestras metas. El reconocimiento es lo que nos da la seguridad de que nuestros conocimientos sirven, de que tenemos talento. Pero debemos examinar de quién viene la validación y, si de verdad la necesitamos, qué pruebas superamos para recibirlo. Recuerda que si construyes tu seguridad a partir de ego, aplausos, diplomas y nada más,

esta se vuelve frágil porque no depende de ti; dejas de tener control de la imagen que muestras a los demás (y a ti mismo). Por el contrario, si basas esa seguridad en habilidades, conocimiento aplicable y acciones, tu seguridad será mucho más fuerte porque tú decides qué quitar y qué agregar.

Vemos a la gente con trofeos, medallas y diplomas sin conocer su proceso para ganarlos. Eso nos vuelve un poco robots, ¿no crees? Nos programan para un fin y si no lo conseguimos, es como si no sirviéramos.

En esa carrera por alcanzar metas impuestas, podemos volvernos celosos de aquel reconocimiento y cumplir todos los pasos de un proyecto nosotros mismos, sin pensar en que podríamos dividir el trabajo y el crédito para ganar tiempo y la posibilidad de hacer más cosas e iniciar nuevos caminos. Por eso es importante aprender a delegar, saber qué partes del trabajo puedes hacer solo tú y en cuáles otras podrías compartir la responsabilidad y el reconocimiento con alguien de confianza para dedicarte a otros proyectos.

Delegar es aprender a perder un poco el control y comenzar a confiar en los demás para llegar más lejos juntos.

¿Sabes cuál es otra ventaja de compartir proyectos? Los demás compartirán los suyos contigo y enriquecerás tu perspectiva más rápido y mejor que haciendo proyectos solitarios de vez en cuando. Compartir genera algo importante: sentido de comunidad. Pero no debemos olvidar que la comunidad parte (otra vez la palabra solita, mira) de la comunión de ideas, de estar de acuerdo en cómo llevar a cabo algo que beneficie a todos los involucrados.

Es fácil confundir la idea de comunidad y comprometernos con proyectos que no son nuestros ni nos interesan. Para darnos cuenta de si en verdad queremos hacer algo, debemos preguntarnos: ¿lo seguiría haciendo si nadie lo viera?

En YouTube

Comencé a hacer videos antes de que existiera la plataforma. Absolutamente nadie los veía; lo hacía porque lo disfrutaba, sin segundas intenciones. Por eso, cuando se volvió mi trabajo (ahora sí depende de que sea visto, pero eso es otro tema), quedé enamorado.

SEAMOS INSOPORTABLEMENTE HONESTOS

Debemos averiguar la verdadera razón por la que hacemos las cosas. Vamos a fiestas a tomarnos fotos para que quienes no fueron vean que nos la estamos pasando bien, pero en realidad solo pensamos en volver a casa para ver los *likes* en Instagram. Dejamos de interactuar con gente, preocupados por quién nos está viendo en redes sociales.

¿Cuánto tiempo perdemos pensando en el tiempo que pierde la gente al vernos? Vemos a la gente como números. **Llenamos el vacío con el vacío de otras personas, es el peor pozole del mundo.**

Hay personas que pareciera que necesitan sentirse observadas para realizar buenas acciones o, peor aún, para detenerse antes de cometer algún delito. Por eso la religión funciona como una «niñera invisible», porque sí hay gente mala que únicamente contiene su maldad si alguien la observa y la juzga. Por otro lado, si eres consciente de tus decisiones y tienes un criterio bien formado (una buena educación y ejemplos a seguir que fortalezcan tus valores), a la hora de actuar no necesitarás de la opinión o presión de alguien más. Puedes hacer las cosas por el placer de hacerlas bien, hay una satisfacción real al ayudar a los demás.

«Si alguien necesita la religión para ser bueno, entonces no es bueno, es como un perro amaestrado».

CHAGDUD TULKU RINPOCHE

Debemos aprender que no necesitamos validación de cada paso que damos. Claro que es importante sentirnos apoyados y el reconocimiento puede ser una gran motivación, pero si te encuentras en un camino que no te gusta y sigues en él por los aplausos, por *rockstarear*, para sentir que te entienden, estás haciendo todo mal desde el inicio. ¿Qué pasará cuando logres ese reconocimiento? ¿Qué pasará si no lo consigues? ¿Qué harás después? Cuando acaben los aplausos, las felicitaciones y los trofeos, te sentirás abandonado, solo y con miedo. Hay cientos de canciones de tus *rockstars* favoritos que hablan de esa soledad y falta de conexiones reales con los demás.

Llamarte emprendedor solo porque sí puede ser bueno para tu ego, pero de nada sirve si tu bolsillo no se llena. No te puedes comer los halagos que te ganes al presumir esas ideas que no estás llevando a cabo.

Queremos ser dueños, pero los lugares, las personas y las situaciones no son para conquistar, sino para conectar. Cuando hayamos entendido esto y lo pongamos en práctica, podremos cambiar la forma en la que visitamos lugares, hacemos favores y vivimos nuevas experiencias.

No hace falta acercarse mucho a las cosas para notar que todo está conectado. No intentes adueñarte de nada ni de nadie, no tiene sentido porque ya eres parte de eso, eres parte de alguien cuando compartes ideas o cariño, eres parte de un lugar cuando lo respetas y vives en él.

ME ENAMORÉ DE UN VILLANO
Inspiración negativa

La inspiración es difícil de encontrar. Se dice que normalmente te encuentra mientras estás trabajando, el problema es que muchos nos quedamos esperándola para comenzar a trabajar.

La inspiración negativa es esa que solo te hace imaginar los resultados, te hace visualizarte triunfando sin preguntarte cómo vas a llegar ahí. Es la que no trabaja y solo imagina. Es la que llega cuando no sabes lo que quieres en realidad, normalmente como una distracción de tu verdadero propósito. Por ejemplo: tratar de ser *influencer* aunque no te interesen las redes sociales como herramienta de trabajo. Créeme, el mundo no necesita una estrella más en el firmamento del internet.

En la mitología griega, las musas eran hijas de Zeus, bajaban del cielo a susurrarle ideas a la gente; las personas a las que inspiraban luego creían que esas ideas eran propias. Tal vez esas musas no existen y solo son bailarinas detrás de Nicki Minaj.

¿POR QUÉ ESPERAS ESCUCHAR A UNA MUSA Y NO TE ESCUCHAS A TI? AL FINAL, TÚ ERES LA MUSA.

La motivación falsa y la inspiración negativa solo llegan de vez en cuando. Si te acostumbras a trabajar solo cuando llegan, no podrás ser constante y solo te moverás cuando te sientas «inspirado». Te mueves sin creer en tus habilidades y te llenas de miedo pensando que no puedes cumplir con los retos que vengan. Los obstáculos se nutren de la envidia, de la prisa, de las ganas enfermas de obtener reconocimiento en vez de concentrarse en el presente.

Por eso es mejor seguir trabajando que esforzarte en estar motivado. A la motivación no le importas: ella llegará cuando le dé la gana. Por otro lado, tus habilidades son fieles a ti; si tú eres fiel a ellas, a tus ideas y cumples con tus responsabilidades —motivado o no—, llegarás lejos.

Ahora: si ha pasado mucho, mucho tiempo sin que te «visiten las musas», debes reconsiderar tus metas y pues... de eso se tratan todos los otros capítulos en este libro. Sigue leyendo, bebé.

Ríndete con la motivación. No siempre tiene que llegar, a veces vas a tener que hacer cosas aunque no te sientas motivada o motivado. No esperes al momento en el que te sientas al 100; algunos de nuestros avances más grandes se darán cuando simplemente hagamos lo que tenemos que hacer.

Estés o no motivado, los pendientes, el trabajo y las conversaciones que debes tener estarán ahí.

TODO ES INVISIBLE...
Excepto los resultados

Planes, intenciones, sentimientos: todo eso es invisible, pero tú lo cargarás toda tu vida. No se ve, pero pesa. Por ello es importante completar tus planes, para que te quedes con los resultados y dejes ir el estrés; comprobar tus intenciones con acciones, para que dejes ir la presión de demostrar quién quieres ser y puedas disfrutar de los logros (recuerda, no te puedes rendir con ellos).

Les damos mayor valor a las cosas porque todo lo que nos cuesta lograr algo es invisible. Rara vez la gente se interesa en el proceso, porque lo llamativo es el éxito. Es como estar del otro lado de la meta esperando a quien corrió 20 kilómetros y preguntarle: «Oiga, ¿cuál es el secreto para estar donde está sin tanto esfuerzo?».

El esfuerzo no se ve, el cariño tampoco; tienes que decirlo, tienes que probarlo.

Es muy sencillo darle el crédito a la perseverancia, que significa literalmente no parar (a veces ni nos detenemos a pensar si está funcionando o no lo que hacemos), y aunque hay casos de éxito de personas y empresas que te dirán que están donde están gracias a que nunca se detuvieron, la verdad es que la perseverancia puede ser solo una fachada. Detrás de este *no parar* hay pequeñas renuncias de las cuales no hablamos porque las encadenamos al fracaso, pero de que hay renuncias, las hay: a caminos, estrategias, empleados que parecían competentes, horas muertas de trabajo (tu cerebro ya no procesa igual a las cuatro de la mañana pero te obligas a no dormir hasta terminar) y, sí, también renunciar de vez en cuando a descansos.

Debemos aprender a ser perseverantes con nosotros mismos primero, así como los emprendedores seriales o los fans de Mariah Carey. Ninguno de tus proyectos importa si cada vez que uno falla te rindes contigo en lugar de rendirte con el proyecto fallido.

Lo que hace la diferencia es el tamaño, la duración y el enfoque que les damos a nuestras metas. Si te propones comprar un coche sin importar cómo, terminarás haciendo trabajos que no disfrutes o que se salgan de tu marco de principios y valores. Por el contrario, si te propones encontrar un trabajo que disfrutes, el coche solo será una consecuencia, pero no la razón que te motive.

Debes saber comunicarlo

Puedes ser la persona más talentosa o inteligente del mundo, puedes crear la mejor aplicación móvil del universo, ese invento que te volvería millonario; el problema es que necesitas comunicación y, si no tienes la paciencia de explicarle al mundo tu invento, nadie se va a enterar.

Todas las empresas de tecnología, todas las farmacéuticas necesitan de un equipo de personas que le comuniquen al mundo por qué su producto es el mejor. Ya te vi, me vas a decir: «No mames, Héctor, ¿crees que no sé que existe la publicidad?». Yo sé que ya sabes que necesitas publicidad para vender; a lo que me refiero es que, para que un talento pueda alcanzar sus metas, necesita de alguien que las comunique de una manera simple.

Puedes pensar los poemas más hermosos que hagan llorar a Han Solo al escucharlos, pero de nada sirven si solo están en tu cabeza. Suena injusto después de todo tu esfuerzo, pero no deja de ser real. En nuestro mundo, para tener el trabajo de tus sueños importa más a quien conozcas que tus calificaciones. Vale la pena levantar la mirada de los libros de vez en cuando, ver la realidad que nos rodea y preguntarnos: ¿lo que estoy aprendiendo me sirve a mí y a quienes me rodean?

No es bueno seguir los pasos exactos de otras personas, es mejor quedarte con lo que funcionó y aplicarlo en tu camino, a tu manera. La mayoría de los talentos en realidad son habilidades aprendidas a través de prueba y error durante años. Al ver a alguien exitoso, no solo veas el resultado; también pregúntate cuántas horas de trabajo le costó llegar ahí.

LO MEJOR PARA TI

Según la sociedad

Me gusta usar chamarras para mujer porque me quedan mejor las tallas y, también, porque algunos diseños están más chidos. ¿Hay algún problema con eso?

Existen todas estas reglas inventadas que por alguna razón siguen vigentes en las mentes de muchísima gente. Por ejemplo, que los hombres no pueden vestirse de cierta forma o dedicarse a labores «femeninas». Si crees que una mujer se ve mal por hacer exactamente la misma actividad que un hombre, algo no está bien; no importa quiénes son, sino lo que quieren hacer. Y así como la gente puede (y debe) decidir lo que quiere, también tiene el derecho de no hacer lo que no quiere. Sencillo.

Una de las cosas que más me saca de onda es ir a una juguetería. Un lugar que parece tan inocente en realidad es una incubadora de estereotipos y expectativas para niños que en el futuro serán adultos acomplejados y confundidos.

Todas las cajas de las niñas son rosas y la mayoría de las cajas de juguetes para los niños son de color azul. Los juguetes de las niñas son bebés: cuando muchas de las niñas que recibirán estos juguetes aún son bebés, ya se les está dando la responsabilidad de cuidar uno, de plástico, pero un bebé de todas formas. Los niños pueden ser bomberos, policías, soldados, dinosaurios; las niñas, cocineras, dueñas de perritos, madres de familia. Hasta juguetes de equipo de limpieza hay y no tiene nada de malo limpiar, al contrario: es buenísimo, pero los niños también deberían aprender, ¿no?

Claro que ya hay juguetes que rompen estas normas y cada vez son más, pero tenemos que entender que las generaciones que nos educaron y que muchas veces juzgan nuestras decisiones no tuvieron mucha opción con sus juguetes. La verdad es que algo que parece tan irrelevante juega un papel muy importante en el futuro de esos niños y niñas. Se crean expectativas desde que elegimos con qué queremos jugar.

No NECESITAS tener hijos, no TIENES QUE casarte, no tienes que ganar mucho dinero ni sacrificar tu vida por lo que otros esperan de ti. Sí, tenemos a toda esta gente esperando a que hagamos las cosas como ellos quieren, pero al mismo tiempo sus vidas son un desastre. La ironía a veces es invisible y terminamos una carrera que odiamos solo porque es lo que esperan nuestros padres. Escondemos quiénes somos en realidad porque lo mejor es no llamar demasiado la atención.

Pero hay otro problema en dejarnos llevar por la idea que los demás tienen de nosotros. Nos volvemos tan inseguros con «la manera como deberías actuar», que no sabemos hacer las cosas solos. Poco a poco olvidamos que somos independientes, hasta que en nuestra cabeza no existe una manera de resolver nuestros asuntos ni llevar a cabo nuestros proyectos por cuenta propia. Entonces surgen «necesidades» para que gastemos tiempo y dinero en recuperar esa seguridad que la misma sociedad nos quitó.

«Necesitas tener este reloj» para demostrar tu valor como persona, «necesitas botox» para que no se note tu verdadera edad, «necesitas el coche más caro que puedas comprar» para que vaya con la imagen que quieres dar al mundo. Intentamos comprar esa seguridad de vuelta cuando en realidad siempre fue nuestra.

Rompe el molde

Aplaudo a los maestros que, en lugar de dar clases tradicionales todos los días como si fuera una manda, llevan a sus alumnos a conferencias, les ponen películas o les permiten disfrutar cualquier experiencia académica fuera de lo común, y aplaudo aún más a los alumnos que se escapan de clase para ir a una conferencia que puede ampliar su perspectiva más allá del salón. ¿Te digo la verdad? Clases del programa educativo tradicional hay todos los días; hay asesorías, todos los alumnos en todas las escuelas están aprendiendo algo parecido a la misma velocidad, pero escuchar una plática de alguien que sobresalió te podría ayudar a descubrir nuevos caminos, te podría generar curiosidad y nuevas oportunidades.

No está mal salirte del molde, sobre todo cuando el molde no te está formando según tus habilidades, ni está mal buscar un camino diferente. No estoy diciendo que te salgas de la escuela, no se trata de ir en contra solo porque puedes hacerlo; lo que digo es que todos están aprendiendo lo mismo que tú. Sigue ahí, pero aprende más, aprende diferente.

Hacemos cosas muy estúpidas solo para que nos acepten

Cuando queremos quedar bien frente a personas que no nos conocen, así sean familiares, amigos o pareja, fingimos que todo está en orden: ignoramos las conversaciones incómodas, pero subimos fotos a Facebook para mantener una imagen de que todo va bien. Gastamos en ropa o coches para impresionar a alguien a quien no le importamos porque queremos que «nos respeten», pero ese no es un respeto real.

Nuestra vida en internet, la imagen que mostramos al mundo virtual, se puede volver completamente diferente a quienes somos en realidad, y por más bella, exitosa, imponente o divertida que parezca, a final de cuentas el amor o respeto se lo está ganando ese personaje que creaste, no tú. Acércate a personas que te permitan ser tú y te ayuden e impulsen a crecer. Por eso tenemos *influencers* que no influyen (con seguidores falsos, dan una imagen falsa a esos mismos seguidores falsos; básicamente hablan solos y se mienten) y «emprendedores» que no emprenden (de nuevo, subir fotos a Instagram con un reloj carísimo que te prestó tu papá no es ser emprendedor).

Da miedo ser diferente, da miedo ser tú mismo. Te van a voltear a ver, pues hay normas inventadas y expectativas de lo que debes ser porque es lo mejor para ti, así que solo muestras ciertas partes que agradan a los demás. Pero es ahí donde perdemos nuestra verdadera identidad, lo que nos hace diferentes, y son esas características las que te hacen especial. Sí, suena muy cliché, pero por eso hay momentos en los que todo el mundo parece ser la misma persona: porque es muy fácil ignorar el hecho de que por ser nosotros mismos podemos llegar a ser especiales. Aunque suene a algo que diría Barney después de obligarnos a hacer manualidades, sigue siendo verdad.

Nos da tanta flojera analizar nuestras decisiones, nuestra manera de actuar, pensar en qué queremos, que mejor seguimos lo que todos los demás están haciendo. Que una opinión sea popular no significa que sea lo mejor para ti.

No importa cuánto cueste, sino cómo te hace sentir (diferencia valor vs. precio); tampoco importa cómo hace sentir a los demás sobre ti, sino cómo te hace sentir a ti y ya. A la gente que se interesa por tus posesiones rara vez le importas tú, y es difícil que alguien cambie la opinión que tiene sobre ti solo por los objetos que guardas en tu casa. Por eso todos conocemos a personas con ropa carísima que no pueden pagar la renta o prefieren invertir en un auto lujoso que en su salud. Solo usan su dinero para que los demás vean cómo lo gastan; eso no es invertir, sino gastar el dinero en los demás y de una muy mala manera.

Nunca, nunca habrá un momento perfecto en el que todo lo que hagas sea aprobado por todos.

¿Cuánto gastas en la percepción que tienen los demás de ti?

Me da mucha tristeza escuchar a gente que se deja limitar por su edad. No porque tengas x años significa que debas dejar de hacer lo que más disfrutas; siempre podrás ser *kawaii*, y vinimos a este mundo a jugar, a descubrir qué nos mueve. No dejes que la gente insegura y llena de miedos te arrastre a vivir tu vida como ellos creen que se debe vivir, su versión de bien suele ser aburrida y triste. Si eres lo suficientemente valiente como para hacer lo que amas, tal vez hablen de ti a tus espaldas o te llamen ridículo, pero ridículo de verdad sería quedarte con las ganas de hacer algo solo porque te da pena parecer pendejo. Siempre vas a estar en edad de hacer lo que te gusta, de bailar lo que te dé la gana y de ponerte la ropa que quieras.

Somos changos lampiños evolucionados que bailan, nos metemos al mar aunque no seamos peces, ya parecemos pendejos de todas formas. Que no te afecte el paso del tiempo, deja de escuchar comentarios de gente frustrada.

Recuerdo que en un podcast de Alec Baldwin, Jerry Seinfeld platicó de la vez que le ofrecieron tener su propia cadena de televisión, a lo que inmediatamente contestó que no, que era una trampa porque se espera de nosotros que queramos más, que tengamos más poder, más dinero, más responsabilidades, aunque eso pueda significar menos tiempo y menos libertad. Lo que él disfruta hacer es lo que lo llevó a donde está: el *stand-up*.

La pregunta importante es: ¿te hace feliz?

«Debes tener un trabajo estable para ser alguien en la vida». Te tengo una noticia: ya eres alguien en la vida, porque existes y estás vivo o viva, ahvedá. Trabajo puede tenerlo cualquiera, lo que necesitas es poder mantenerte; sea estable o no tu empleo, lo que la mayoría no puede tener es la oportunidad de preguntarse qué los hace felices en realidad, así que si tienes la oportunidad, no la desperdicies.

Tus padres no tienen la responsabilidad de celebrarte todo el tiempo: son humanos, no robots porristas. Ellos también tienen sueños que tal vez sacrificaron por ti, tienen metas que aún quieren cumplir, pequeñas historias que nunca te van a contar; son personas que tal vez no tuvieron toda la información, todas esas series, libros y memes que tú tienes ahora.

PREJUICIOS

Muchos de nuestros prejuicios son imaginarios, son ideas y límites que se crearon hace mucho tiempo y ahora los vemos como verdades. No es nada fácil hacerlos a un lado, pero qué pasa si hay una persona frente a ti diciendo: «¡Ey, aquí estoy, hablo y escucho porque estoy vivo y existo, solo quiero pasarla bien!».

¿Quién gana esta batalla? ***Spoiler alert:*** la cosa invisible que te dice que debes estar en contra de que esta persona haga lo que quiera. Ríndete. En la misma medida que tú eres distinto, el resto es distinto a ti, también único. Respeta. Si crees que los demás están mal y van en contra de tu religión, ríndete, deja que se vayan al infierno. Dios prefiere eso a que odies. Odiar es malo.

SER IMPORTANTE O PARECER IMPORTANTE

Encontré una imagen en Facebook que me dio mucho coraje: de un lado tenemos una persona en jeans y playera blanca, con unos tenis algo viejos —un tipo común, digamos—, y del otro lado un hombre de traje con corbata. Indicaba que el primero no era exitoso, pero después de trabajar mucho podría ser como el segundo, «un hombre de bien».

A la mierda: alguien exitoso puede andar en pijama todo el día si le da su gana. No caigas en la trampa, es mejor tener algo que decir que dejar que tu ropa hable por ti. Si eres libre, entonces ese es el éxito. Tal vez el hombre en pijama sea el jefe del hombre de traje.

Nos preocupamos demasiado por que nos tomen en serio, pero los estándares o la imagen que tiene mucha gente del éxito son obsoletos o hasta dogmáticos. Creemos que las cosas se deben ver de cierta manera para que sean reales. «Los demás» y «mi público imaginario» pensaban que la tenía que pasar mal para que mi trabajo contara. Miren ahora, bebés.

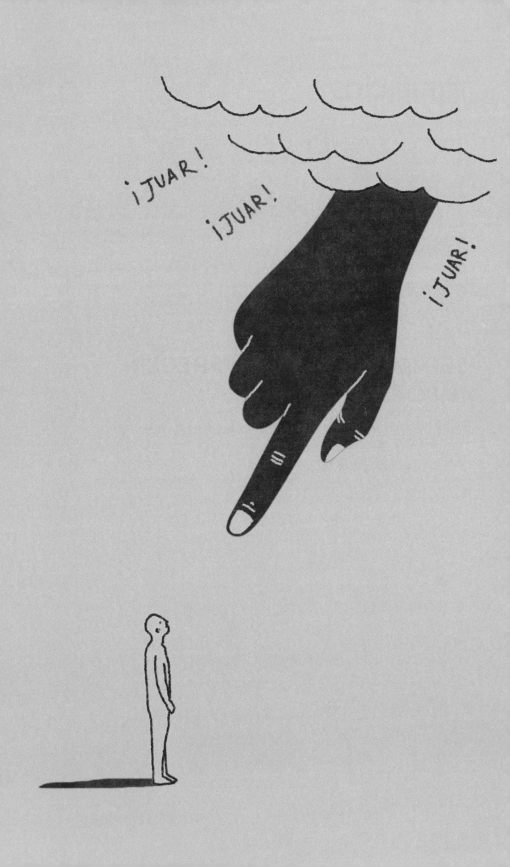

CÓMO HACER REÍR A DIOS

Tener metas claras

TU PLAN NO ME IMPORTA, TU PLAN ME DA IGUAL.

No sacrifiques tu felicidad por algo de certidumbre. Estamos muy desesperados por conocer nuestro futuro, por mantenernos en la zona de confort, por saber quién estará a nuestro lado cuando las cosas se pongan difíciles (aunque ya sean difíciles o nos las hagan difíciles quienes están a nuestro lado). Queremos que nuestros planes se lleven a cabo a la perfección sin tomar en cuenta cómo nos sentimos en realidad.

Jamás podrás tener la certeza de que algo va a salir justo como lo planeaste.

Cuando estamos en una relación que no nos hace felices, nos cuestionamos de vez en cuando si deberíamos seguir. Sabemos cómo seremos tratados, y aunque no seamos felices nos sentimos estables; además damos una imagen sobre nuestra relación y no queremos que nadie la vea fracasar. Solemos sacrificar lo que nosotros sentimos y queremos, por lo que nuestro público imaginario opina de la imagen que damos. Una relación, aunque sea mala, nos da certidumbre: cada vez conocemos más a nuestra pareja, cada vez hay más confianza, cada vez conocemos a más personas de su familia y su grupo de amigos.

Estas dos cosas no son iguales: conocer a alguien «a la perfección» no es sinónimo de estabilidad, mucho menos de amor incondicional. El problema es que sabemos exactamente qué vamos a perder, todo lo bueno y lo malo. Digamos que no querías, pero estudiaste Medicina durante diez años y llevas dos años ejerciendo. Son 12 años en los que has conocido perfectamente la profesión, le has estado agregando valor a tu infelicidad hasta que llega un momento en el que tu bienestar ya no puede competir contra tu seguridad y estabilidad. Sabes exactamente cuánto ganas y pierdes si lo dejas todo, pero sería difícil calcular cuánto ganarías en tu siguiente trabajo. Y no hay nada peor que enfrentarnos a la incertidumbre: sabemos lo que perderemos si nos vamos, pero no de lo que nos estamos perdiendo mientras no nos vamos. Seguirás siendo tú y, aunque sientas un vacío que lleve tiempo llenar, verás cómo esperar cosas nuevas y decidir vivir nuevas experiencias hará que haya valido la pena.

A veces nos estresamos porque queremos planear hasta los momentos en los que la pasaremos bien. Aprendí a decir: «Bueno, es sábado... veamos a qué hora nos levantamos primero». Cuando dejes ir no podrás tener la certidumbre de que todo va a funcionar como tú lo planearías. Es el precio: no saber, pero lo vale (diferencia valor vs. precio).

Los mapas de la vida son invisibles: nunca sabes dónde estás parado, a veces estás en el lugar correcto, pero por estar viendo al pelotudo futuro, no te das cuenta. El futuro no llega de tajo, a veces llega por partes. Cada vez que sonrías piensa que estás viviendo un pedacito de futuro que llegó a ti por adelantado y disfrútalo. No intentes ubicarte en esos mapas; solo busca los tacos, los besos y los chistes más cercanos y con mejor calificación.

«Las personas que tuvieron las vidas menos extraordinarias también fueron aquellas que lograron apegarse a sus planes».

STEVER ROBBINS

LA RAZÓN

Y otras cosas que nunca tendrás

No siempre debo tener la razón. Aunque me encanta, es algo que a largo plazo no me hace bien. Hoy prefiero estar equivocado y aprender de mis errores. Alguien que lo sabe y lo tiene todo es tan grande que no tiene espacio para crecer. Claro: cuando desconoces lo que los demás sí saben puedes sentirte pequeño, pero eso no necesariamente es malo. Aprovechemos cuando nos sintamos así, es una oportunidad, no un momento para enojarnos o sentarnos a llorar. Escucha, pregunta y comparte lo «poco» que sabes, verás que no es tan poco.

Sí, como dicen las imágenes inspiradoras de Instagram: pequeños ejemplos provocan grandes cambios. Tal vez eres padre de alguien que puede cambiar el mundo de la educación o puede desarrollar algún avance médico. Tal vez eres maestro de alguien que tiene tiene pinta de «chico malo» y puedes cambiar su idea de la sociedad. Las cosas pequeñas a corto plazo son piezas de un rompecabezas enorme que la mayoría del tiempo no podemos ver completo, pero que vale la pena ayudar a armar.

Enséñale a tus amigos, hermanos, hijos, pareja o compañeros de trabajo que las cosas se pueden hacer mejor y comparte lo que te apasiona para que el mundo entienda tu razonamiento y el origen de tu pasión. Acércate a personas que sepan más que tú y te ayuden a alimentar tu curiosidad.

«Pero, Héctor, escucho a los demás y no estoy de acuerdo con lo que piensan y dicen». A ver, bebé, ya hablamos de aprender de las diferencias. Está bien si no concuerdas con todo el mundo.

No te conviene tener socios que siempre te den la razón, necesitas puntos de vista contrapuestos al tuyo para que la empresa o el proyecto crezcan. A veces es mejor el sentido común que «lo que diga el jefe». ¿De verdad quieres que te den la razón en todo? ¿Y si te equivocas y no te dicen? ¿Vas a culparlos por haberte obedecido?

No puedes controlar lo que los demás piensan porque no eres el profesor Xavier, básicamente, pero sí puedes decidir a qué tipo de personas te expones y una buena manera de saber quiénes son es observar cómo reaccionan ante tener o no la razón y qué hacen con ella. **La razón es como el dinero: de nada te sirve si no planeas hacer algo con ella.**

Que te den la razón solo para que te calles es como cuando un maestro te daba todas las respuestas a un examen: tienes la satisfacción de aprobar, pero no aprendiste nada; es una satisfacción falsa. Sin embargo, como la mayoría de las personas estudia para aprobar (no por el bien de su futuro laboral, sino para obtener permisos y salir de fiesta), no se dan cuenta de la mala inversión que hacen al aprobar sin aprender (una vez más, relación costo-beneficio). Mira, es parecido a que el hermano menor «juegue» Xbox con un control desconectado.

En una relación

Llegó un punto en el que empecé a cuestionarme si estaba loco, si necesitaba ayuda de un especialista, si de verdad estaba buscando e inventando problemas que mi ex no veía. Hasta que pasó el tiempo y me di cuenta de que si tus problemas son invisibles para la otra persona, se trata de un problema de incompatibilidad y nadie es el malo del cuento, pero insistir en la relación sí nos hacía infelices a ambos a pesar de que solo una de las dos personas fuera miserable. Sentirse mal en secreto, evitar «dramas» para mantener la relación «a flote». No se trataba de tener la razón, sino de entender que teníamos razones diferentes.

La religión

Se podría decir que está bastante alejada de la razón, e incluso hay quienes podrían señalar que no ayuda a la sociedad; sin embargo, juega un papel importante en el bienestar de muchas personas. Según el estudio de un equipo de académicos de la Universidad de Ohio que analizó más de 1500 obituarios en Estados Unidos,[*] las personas con creencias religiosas viven cuatro años más que los ateos y los agnósticos. Aunque estos años extra podrían atribuirse a un menor consumo de drogas o alcohol, no es así, pues los hábitos de consumo y abuso de sustancias son individuales. Lo que todos los creyentes compartían eran actividades que reducen el estrés, como rezar o meditar.

No digo que vivamos rezando; solo hay que aceptar que existen diferentes personalidades, culturas, géneros, edades y puntos ciegos en nuestra forma de ver la vida.

Yo era un ateo detestable, cuestionaba a los creyentes para molestarlos, hasta que me rendí contra algo que no podía vencer. Para la gente cercana a mí, la religión se trataba de una fuerza que los impulsaba a seguir adelante. Es simple: te rindes y dejas que algo más se encargue un poco de ti. No puedo decir que me volví religioso, estoy muy lejos de eso, pero sí un poco más espiritual, en el sentido de disfrutar a quienes me rodean sin importar en qué creen, siempre y cuando no le hagan daño a nadie. Ahora trato de conectarme más con la naturaleza, por el bien de mi mente.

Es mejor no juzgar, entender a nuestra manera las cosas y recordar que no podemos cargar con el peso de nuestras decisiones, más las enfermedades y los problemas del mundo, los animales en peligro de extinción, la economía global... Puedes hacerte responsable de lo que tú puedes controlar, pero deja que el universo (o como le quieras llamar) se encargue del resto.

Control

Tener la razón crea la falsa ilusión de que tenemos el control, pero en realidad es solo una idea, no se puede hacer mucho con esto. Las cosas pueden no

---

[*] Alex Matthews-King (2018). Religious people live four years longer than atheists, study finds. Independent. Recuperado de https://www.independent.co.uk/news/health/religion-live-longer-muslim-jewish-christian-hindu-buddhist-life-expectancy-age-a8396866.html

salir a nuestra manera, sino DE LA MANERA EN LA QUE VAN A SALIR y tú decidirás si te gusta o no.

Sé ignorante por estrategia. Será mejor rendirse, aceptar que no sabemos y prepararnos para el siguiente paso: aprender.

EN UN DELOREAN DESCOMPUESTO

El pasado y el futuro

TRES TIPS PARA VIVIR EN EL PRESENTE (QUE A MÍ ME FUNCIONAN):

1. Escuchar música sin letra. Nunca sabes lo que viene con ese ritmo que fluctúa en el jazz; el k-pop ayuda también, es muy buena música y como no entiendo nada me relaja; también la música clásica es una forma de meditar, te arrastra a la nada, a lo que estás haciendo, a lo que estás viviendo, solo te queda escuchar y tu cerebro es libre por un rato.

2. Jugar con tu perrito. ¿Has notado que los perritos solo viven el presente? Cuando ven comida, quieren comida; cuando hay juguetes, quieren jugar; cuando los pisas sin

querer (es HORRIBLE), te perdonan casi de inmediato; porque son almas puras y pechochas que solo saben vivir el ahora.

3. Tener problemas que necesiten solución inmediata. Esta es la menos recomendable de las tres, pero desgraciadamente es la que nos obliga a vivir el presente de manera más directa, porque a veces apreciamos el presente cuando vemos amenazado nuestro futuro.

Ahora que podemos estar en el presente sin sentir que nos asfixiamos, aprovechémoslo. El presente tiene eso que ningún otro momento logra: nunca ser igual. El presente es como una delgada rebanada de jamón que de pronto le da sentido a dos piezas de pan que se juntan. ¿Recuerdas la ensalada? Bueno, pues digamos que la única opción que hay es sándwich, pero puedes decidir de qué te lo preparas. El presente es la oportunidad de replantear cada día tus opiniones, tus relaciones y tus acciones. No te cases con tu *yo* del pasado, porque tu yo del futuro tendrá diferentes necesidades y aventuras que querrá cumplir. Trabajamos durante años para lograr una meta; la meta no cambia, pero nosotros sí. Un objetivo que antes parecía el correcto en unos años podría parecer una locura: tómalo con calma, ve qué se te antoja y abre el refri para ver de qué te gustaría tu sándwich. Puedes preparar más de uno, todos de distinto estilo.

Fluye sin sufrir, no te estanques a ti mismo.

Cambiar de opinión es bueno a largo plazo, ayuda a que no te aburras y amplía tu perspectiva. A veces tiramos esfuerzo a la basura por no planear bien o por cerrarnos debido a algo que tal vez no merezca nuestro trabajo o alguien que no valga nuestras lágrimas.

Solo mira a tu alrededor. Cuando estás presente no te puede lastimar el pasado ni te preocupa el futuro. Cuando estás presente es más fácil volver tus ideas realidad, tomar una pluma y dejarte llevar por la inspiración. Tu misión es comenzar lo que quieres hacer y mantenerlo en el presente, es decir, continuar haciéndolo hasta que lo termines. Implica un poquito de futuro, porque debes planear, idear y considerar escenarios, pero una vez que tengas claro el primer paso, aplica el presente y dedícate a ello.

El presente tiene beneficios

Si decides disfrutar lo que tienes en el momento, sin proyectar ideas raras ni idealizar a los demás, el presente te dará sus frutos. Puede que no tengas las experiencias que quieres, pero sabrás disfrutar las que tienes: duran más los besos y saben más ricos los taquitos. Eres parte de lo que te rodea y no te puede lastimar lo que no. Las decisiones más difíciles normalmente son las que traen algo de magia en sus consecuencias, implican una sacudida, un cambio. Lo que las hace difíciles es que nos gusta aferrarnos a la comodidad del pasado, pero te tengo noticias: el presente dura tanto como los resultados de una buena decisión. La mejor que puedes tomar es aceptarte, quererte y mantener cerca a quienes hacen lo mismo con ellos y contigo.

ADVERTENCIA: no esperes milagros, nada cambiará si tú no lo permites.

RECOMENDACIÓN: no sacrifiques el presente, no tiene sentido ocupar tu día a día preocupado por un futuro incierto ni por un pasado estúpido.

Vida laboral

Elegimos determinada carrera porque vemos a gente exitosa. La mayoría de ellos ya hizo el trabajo duro, y ahí está el truco: nosotros nos enfocamos en sus resultados, porque eso nos comparten, pero no vemos las enormes cantidades de tiempo, esfuerzo y dinero necesarias para llegar a ciertos puntos de éxito. Vemos a quienes «ya ganaron» sin saber CÓMO ES UN DÍA NORMAL DE TRABAJO. Elegimos carrera porque nos gustaron una o dos materias en el plan de estudios sin tomar en cuenta la posibilidad de que el maestro que nos dará clase será de esos que solo te ponen a leer. Piensa en cómo será un día normal en la escuela, no pienses en las fiestas ni en las recompensas; tienes que ser honesto con tus visiones y no emocionarte por algo que no sabes si va a llegar o no.

Relaciones

Si han pasado meses y aún no puedes disfrutar una semana estable, libre de discusiones con tu pareja; si sientes que están sacrificando más de lo que obtienen, tal vez deberían considerar el tiempo de la relación que ocupan en mantener algo que «algún día estará bien». Sí, me ha pasado, apesta, pero vale la pena darse cuenta. Los sueños y las metas que aún no se consiguen no pueden mantener una relación a flote, solo ustedes y una sana convivencia lo pueden hacer.

Tal vez tú tienes las cosas claras, pero tu pareja piensa en lo que la relación será, en cómo cambiarán las cosas... pronto. Alguien que no vive en el presente no está realmente contigo, sino en una relación imaginaria en la que todo estará bien mágicamente: sin las conversaciones incómodas que deben existir en el camino, pero también sin las risas que construyen la complicidad en una relación.

Las relaciones se viven (y disfrutan) en el presente. Reitero: si dependes del futuro o de factores externos a la relación, como una boda o quizá la llegada de un hijo o una hija, para «sentir lo que quiero sentir», tal vez lo que sientes no es amor.

Más noticias: es posible que no estés enamorado de tu pareja, sino de una relación idealizada. No se trata de terminar en ese momento; es normal discutir y siempre habrá diferencias, pero si las peleas son siempre por lo mismo, nunca terminan y en general sientes que debes rescatar las cosas más que disfrutarlas, tal vez sea momento de hablar.

Estás enamorado de una relación en la que AÚN no estás y no sabes si estarás. «Cuando tenga más tiempo libre, seremos felices, cuando tenga más dinero seremos felices». ¿Te suena? Estas realidades aún no existen y nos gusta ponerles esa responsabilidad o peso de cuidar la relación en vez de tomar acción en el presente.

RECUERDA:

Lo que vives a diario es más importante que cualquier futuro incierto. Lo cotidiano es lo que construye esos proyectos y un buen día a día se convertirá en ese pasado que recuerdes con una sonrisa cuando logres lo que realmente quieres.

Imagina que tienes 40 años y te encuentras a tu yo de 17 en la calle (porque sigues yendo a la misma peluquería, hay cosas que no deben cambiar) y te dice lo que debes hacer, ¿le harías caso? La verdad, yo no le haría caso a Héctor de 17 que se desvelaba atrapando Pokémon y agarraba fiesta con aguas locas. Eso es lo que haces justo ahora: escuchar tu versión beta, una que ya está desactualizada y no es compatible con tu realidad actual.

A los 17 o 18 aparece de pronto un edificio frente a ti. Aunque tiene muchas ventanas, solo hay una puerta, así que debes entrar al extraño mundo de los adultos y elegir, con sólida «madurez», la carrera que vas a estudiar y, por lo tanto, a qué vas a dedicar tu vida profesional. Te fijas una meta que te llevará seis años alcanzar: seis bellos años de ansiedad que una versión joven de ti eligió. Y como nos aferramos a esa meta, sufrimos también si no la alcanzamos, ¡aunque nunca estemos seguros de que eso queríamos!

¿CÓMO VENCER AL PASADO?

Aceptando que no eres la misma persona de hace cinco años.

¿CÓMO VENCER AL FUTURO?

Aceptando que rara vez es como te lo imaginas. Deja de esperar el futuro para ser feliz.

El futuro estresa porque no sabemos si va a ser como nosotros queremos y el pasado entristece porque no fue como queríamos que fuera. ¿Qué te queda? Vivir el ahora. Así recordarás con gusto lo que hiciste y sabrás que lo que viene es bueno porque haces lo que te gusta y no dejarás que los demás lo arruinen. Ganaste.

LOS DEMÁS

Vamos a hacer un pequeño ejercicio, solo necesito que contestes las siguientes preguntas:

¿LOS DEMÁS TE AYUDARON A PAGAR TU MAESTRÍA DE LA CUAL YA TE QUIERES SALIR? ¿LOS DEMÁS PAGARON TU BODA COMO PARA OPINAR SOBRE TU DIVORCIO? ¿LOS DEMÁS ESTUVIERON AHÍ CUANDO DISCUTÍAS CON TU NOVIA Y SE DIERON CUENTA DE QUE NO QUERÍAN LO MISMO? ¿LOS DEMÁS TE AYUDARÁN A PAGAR LA RENTA DE LAS OFICINAS GIGANTES QUE ESPERAN QUE TENGAS? ¿LOS DEMÁS TE VAN A AYUDAR A CAMBIAR PAÑALES DEL BEBÉ QUE QUIEREN QUE TENGAS YA,

AUNQUE NO TE SIENTAS LISTO? ¿LOS DEMÁS
VAN A ESTAR AHÍ MOTIVÁNDOTE TODOS
LOS DÍAS CUANDO TE GRADÚES Y ODIES
TU TRABAJO? ¿LOS DEMÁS TE AYUDARÁN A
PAGAR LOS SUELDOS DE TUS EMPLEADOS EN
LA EMPRESA QUE YA NO ESTÁ FUNCIONANDO
DESDE HACE TIEMPO?

Ese es el problema, que este es TU PROBLEMA y tú decides cómo resolverlo o si vale la pena resolverlo. Y la verdad es que cuando los demás te dan su opinión sobre tus problemas, están pensando en ellos mismos, en qué harían si estuvieran en tu lugar. Muchas veces, ni siquiera para aconsejarte se ponen en tus zapatos.

Tus papás no te deben nada

Me habría gustado saber y comprender esto en secundaria (fui poseído por el demonio durante mi adolescencia, un verdadero energúmeno). Debes saber que nadie tiene ningún tipo de deuda contigo solo por ser tú.

Conforme crezcas tienes que aprender a identificar a tus padres como otros humanos que también necesitan desenvolverse, divertirse, aprender y crecer. No están ahí para aplaudirte todos tus logros y si piensas de esta manera, vas a sufrir mucho, pues muchas veces nuestros padres no van a comprender nuestros logros, nuestros malestares o incluso las metas que nos ponemos.

Hay maneras de demostrar cariño y apoyo sin tener que estar de acuerdo en todo.

Tal vez a ti no te gusta el futbol, pero a tu papá sí, pues llévalo a ver un partido con tu dinero (que ganaste en el trabajo que tal vez no entiende o apoya del todo). Si a tu madre le gusta Luismi, llévala a un concierto con tu dinero; es una manera de decir: «Estoy bien y quiero que tu estés bien, no te preocupes por mis decisiones, estos son los resultados».

GENTE MALA
De la que casi no hay

DE VERDAD, CASI NO HAY.

Aunque las telenovelas nos hayan enseñado lo contrario, son pocas las personas verdaderamente malas. Hay gente distraída, ignorante, incompetente; gente que simplemente no va a entender tu visión, tus proyectos, tu relación ni lo que quieres lograr, o que tal vez tenga una opinión (que nunca pediste) sobre lo que deberías hacer con tu vida.

Estas personas normalmente no te quieren hacer daño —a menos que las provoques, como a los dinosaurios o a los espíritus malignos—, solo son personas que creen tener la razón. El problema es que es más difícil deshacerte de este tipo de personas que de un espíritu maligno —basta una buena limpia.

Alguien ignorante es muy peligroso; puede tener las mejores intenciones, pero si no sabe hacer su trabajo o además de incompetente no asume sus responsabilidades y culpas, nos estamos acercando a una persona casi maligna. Si ignora la realidad de los demás, lo que realmente importa, entonces puede tomar decisiones que tomaría un villano.

Según Chuck Klosterman en su libro *I Wear the Black Hat*, un verdadero villano es alguien que sabe que está haciendo daño, pero no le importa. Si alguien incompetente o ignorante se diera cuenta de que está lastimando a otra persona, lo más probable es que dejaría de hacerlo.

La realidad es que casi todos queremos hacer las cosas «bien». Tal vez trabajas con alguien que no le echa ganas, pero sí se esfuerza en su relación cuando llega a casa; o tal vez estás en una relación con alguien que no te da toda la atención que quisieras, pero trabaja para poderte dar regalos o cuidar a sus padres. Esto no los hace malos, los hace diferentes (y a veces, sí, incompatibles contigo porque tienen prioridades distintas a ti). Tu ex no es una persona mala, solo es de otro mundo.

Rodéate de gente experta en el tema que a ti te interesa, gente que disfrute cuando tienes éxito en tus proyectos, que te apoye sin esperar nada a cambio. En tu relación busca a alguien que busque vivir el presente, que te diga lo que le gusta de ti y no solo lo malo, y que te escuche de verdad. Sé que suena increíblemente difícil encontrar a estas personas, pero podemos empezar siendo nosotros mismos personas con las que nos gusta estar.

Rodéate de gente que te apoye sin esperar nada a cambio.

CON QUIÉN RENDIRTE

ACÉRCATE A PERSONAS QUE TE QUIERAN VER BRILLAR.

Envidia de la mala

Hay gente que para sentirse bien con ella misma te va a hacer menos. Sí, existe gente que solo absorbe y absorbe y pide y pide y nunca da, gente que te usa para que escuches todos sus problemas y, cuando quieres hablar, se le acaba el tiempo. No tienes que ser grosero con ellos, pero sí puedes alejarte y no sentir culpa al respecto. A veces menos es más, a veces tienes que perder un poco para ganar muchísimo. Una persona positiva en tu vida te hará mejor que cinco personas negativas.

Puede que ya hayas pasado tanto tiempo con gente negativa que se te olvidó lo bueno o buena que puedes llegar a ser cuando te rodeas de gente que te apoya y te impulsa. Esa gente existe y está allá afuera, en el mundo, luchando por ella misma y apoyando a sus amigos. Es gente que sabe sentirse feliz por el éxito de los demás.

Solo no olvides que la gente que te quiere ver ganar también te va a dar retroalimentación, a veces «negativa», necesaria para avanzar. Alguien que de verdad te escucha podría hacerte comentarios que te van a doler, pero si es una persona que ha estado en lo bueno y en lo malo, significa que puede ser objetiva contigo. Escucha, filtra y usa lo que te sirva, sea bueno o sea malo; si es honesto, te va a ayudar a mejorar.

No solo se trata de elegir bien o de buscar a cinco personas perfectas para que estén todo el día contigo. Recuerda que nadie puede darte todo, pero tú puedes decidir tomar lo mejor de cada quien. Y sí, hay gente que quiere lo mejor para ti, pero que puede llegar a ser tóxica, y tal vez no es su culpa. Es importante saber qué tanto quieres que alguien más incida en la forma en la cual tomas decisiones o la manera en la cual percibes las situaciones en las que te pone la vida.

A veces lo único que tenemos que hacer es cambiar nuestra manera de pensar para liberarnos de nuestros propios límites. La mitad de las cosas que nos detienen tienen que ver con personas que ni siquiera están en nuestro camino y tal vez ni siquiera vayan a estar ahí cuando fracasemos, pero sí cuando toque celebrar. **Cuando te vaya mal, observa bien quién está contigo y asegúrate de estar tú cuando a tu gente le vaya mal.**

Ten mucho cuidado con quienes te hacen responsable de sus propias decisiones, recuerda que mereces rodearte de gente que te aporta. A veces confundimos el cariño con lástima, la admiración con conveniencia, y a veces nos apendejamos y ya.

Es un veneno que llevo dentro...

A veces me ha tocado ser la persona tóxica, pero lo más importante es darnos cuenta y hacer algo al respecto. No se trata de que esperemos solo lo mejor de los demás, sino de reconocer quién nos hace bien y quién nos hace mal. Busca a alguien que crezca contigo, no estanques a nadie ni dejes que te estanquen.

No te desgastes tratando de cambiar a los demás; la gente solo cambia por sí misma cuando ve las señales que tiene que ver para hacerlo, no porque tú se lo digas y menos solo para complacerte. La gente cambia para mejorar en su viaje: a veces se pierde, pero cada quien tiene su mapa y no pueden usar el tuyo. No puedes salvarlos, no puedes guiarlos ni cambiarlos, pero puedes amarlos. Eso suele ser suficiente.

Tú decides qué tanto te afectan los consejos de los demás.

Yo a tu edad...

Por último, te voy a decir un secreto sobre los papás (nunca lo uses en su contra, es algo que sabes y ya; decirlo solo invocará espíritus malignos): son padres porque tuvieron hijos, no porque sean adultos responsables, no porque estén preparados, no porque tengan grandes cantidades de sabiduría para compartir. Es algo muy fuerte, lo sé, bebé, pero puedes rendirte en tener la razón todo el tiempo y ganar discusiones. Mejor intenta llevarla bien y enfócate en la convivencia en vez de los problemas: es una manera de estar mejor con papás que aún no alcanzan a ver tu grandeza.

Hay padres tóxicos, inseguros, loquitos, también sobreprotectores que te meten miedos, pero cuando te digan en voz alta que no vas a lograr nada o no vas a llegar a ningún lado con tus propias elecciones, **es momento de callarte el hocico y trabajar para callarles el hocico a ellos.** A lo que voy: ellos no pueden decidir por ti, aunque sean tus padres, porque ellos ya eligieron sus propios caminos, y ahora te toca a ti.

Qué triste que vivas una vida que no elegiste para darle gusto a alguien que ya vivió la suya como le dio la gana.

EN RESUMEN

- No puedes «salvar» a alguien que no te pidió ayuda. Sálvate tú primero y la gente que quiera mejorar seguirá tu ejemplo.

- No te dejes engañar, nadie tiene todo bajo control. Se trata de creer en ti y hacer lo que tienes que hacer para estar bien. Que la percepción de los demás no afecte la tuya.

- Comer rico. Comer rico es clave también.

SATISFACCIÓN FUTURA

Cuando nos aferramos a alguna situación o persona que nos hace daño, solemos soportarlas porque imaginamos una conversación en el futuro que vuelva todo «a la normalidad»; pensamos que después de aguantar un largo rato la gente cambiará y se dará cuenta de que siempre tuviste la razón. No pierdas el tiempo: tu *yo* del futuro no podrá ser feliz si el del presente no lo es ahora. *Mind-blowing*, lo sé.

En una relación

Buscaba a mi ex pensando que, aunque no arregláramos el problema, yo tendría la satisfacción de tener la razón, de decir lo que sentía. Imaginaba muchos escenarios sobre lo que diría y lo que podría pasar. Al buscar esta satisfacción imaginaria, terminaba con una versión mucho más corta y horrible, mi autoestima por los suelos y aún más frustración; todo por no saber rendirme con esa satisfacción que simplemente jamás tendría.

Tener estas conversaciones con gente que nos hace mal es lo que deberíamos evadir, pero hay algo en esas conversaciones que ni siquiera existen que nos hace pensar que, cuando las tengamos, aquello que sentimos —frustración, enojo o tristeza— desaparecerá, y eso es demasiada responsabilidad para una sola conversación. Un empleo, una amistad o una relación no se salvan con una conversación, sino con acciones, de preferencia antes de que exista la necesidad de tener «la plática». Sabemos perfectamente que, si la otra persona se preocupara tanto como tú por tenerla, ya se habrían arreglado. El problema es que nos aferramos y le damos demasiada importancia al asunto. ¿Terminaron? ¿Te corrieron? ¿Reprobaste? Entonces ya pasó.

No ocupes tu presente planeando tu futuro para arreglar asuntos del pasado, baby.

Planear estas confrontaciones es una de las peores pérdidas de tiempo y nos provoca una incertidumbre agonizante. ¿Por qué? Porque es solo otra manera de tener el control, queremos predecir qué nos van a contestar cuando por fin estemos frente a frente, sin dejar espacio y tiempo para sanar.

La vida no es una novela. No puedes escribir los diálogos de los otros personajes, solo los tuyos, y mucho menos puedes orillar a nadie a tener un momento dramático para que te sirva de conclusión o como un cierre de la historia; simplemente tienes que aceptar la situación y seguir con TU VIDA REAL.

La satisfacción viene de adentro. No habrá relación, empleo o cosas materiales que te den esas palmaditas en la espalda que necesitas.

TUS PATRONES

Fíjate bien en cómo te defiendes en las discusiones, qué piensas cuando estás triste, a quién culpas cuando las cosas no salen como querías, cómo sueles reaccionar ante situaciones negativas. ¿Al final te haces daño y sientes que los demás ni te pelaron? Te presento a tus patrones de conducta; como muchos otros tipos de patrones, no son tus amigos.

Suele ser fácil identificarlos, lo difícil es dejar de repetirlos. Esto, como el metro, solo va para adelante. No se trata de que te arrepientas de tus errores en el pasado y te des latigazos por algo que no debiste hacer o decir años atrás.

Cuando me di cuenta de lo impulsivo que puedo llegar a ser con mis palabras hirientes, comencé por identificar el momento en el que las decía y, aunque me doliera no tener la razón, me disculpaba inmediatamente; luego dejé que esas palabras solo se quedaran en mi cabeza, hasta llegar al punto en el que ya no aparecían. Entrenemos nuestros cerebros poco a poco para dejar de ver lo negativo o para estar a la defensiva. Podemos deshacernos de ese tipo de patrones.

Romper con nuestros patrones implica ser ágiles y flexibles para poder dar lo mejor de nosotros a los demás y a nuestros proyectos. Cuando seguimos haciendo las cosas sin pensar, no hay mucha diferencia entre nosotros y un robot. No sabemos por qué hacemos las cosas ni nos preguntamos si estos sacrificios de verdad nos acercan a la vida que queremos vivir.

Es una condena decir «así soy» cada que debemos hacernos responsables por nuestras malas decisiones.

«Es de locos hacer siempre lo mismo y esperar un resultado diferente».

ALBERT EINSTEIN

Tus patrones de conducta NO son tus amigos.

RÍNDETE POR UN DÍA

Antes de mandar todo a la fregada y dejar tu empleo, tu relación, regresar a tu pueblo, cancelar los vuelos y tirar la toalla, intenta rendirte por un día.

¿Lo has intentado?

Es una pequeña renuncia, una pequeña pausa. Si después de descansar varios días regresas a tu realidad y aun así no te sientes *tú*, tal vez simplemente no es lo tuyo.

Rendirte por un día es algo más sencillo que tratar de cambiar toda tu vida en una noche de insomnio. Te ayuda a tomar perspectiva y ver las cosas desde otro ángulo. A veces solo tienes que rendirte con la manera en la que ves las cosas para continuar o sentir que comienzas de nuevo. No debemos ser tan drásticos si no hemos probado opciones, experimenta si el tipo de libertad que obtendrás de verdad es la que quieres.

COMPARACIONES

La tabla imaginaria

Es natural compararnos, es parte de ser mamíferos. (Si pones huevos, puedes saltarte este capítulo).

Las comparaciones existen y no estoy diciendo que las debamos ignorar, pero antes de dejarlas entrar al mundo de los sentimientos o dejar que influyan en nuestras decisiones tenemos que pensar si compararnos nos va a servir de algo.

En una receta es importante saber la diferencia entre una cucharada y una taza de aceite. Son cantidades simples: para un *cupcake* necesitamos una cucharada y para un pastel necesitamos la taza (¿verdad?, no sé, no soy tan bueno cocinando). ¿Cuál sabe mejor? ¿El pastel, por el simple hecho de que se usan más ingredientes para crearlo?

Ño.

Es cuestión de gustos. Depende del sabor y de la persona que vaya a probar los postres: si prefiere chocolate o limón, si tiene hambre, si le gustan los postres o no.

En YouTube

Si podemos comparar los números, tal vez existe un canal con tres millones de suscriptores y tú tienes 120 000. Es un hecho, no se discute que tres millones de suscriptores son más que 120 000, pero hay factores que no se pueden contabilizar: tal vez la persona con 120 000 suscriptores hace contenido de cocina y disfruta cocinar todos los días, mientras que la persona con tres millones hace sketches y tarda diez días en crear un video, lo cual le quita libertades que alguien que solo hace vlogs puede tener. **No podemos contabilizar la felicidad, no debemos comparar lo que no podemos medir.**

Lo difícil, pero especial, es ver cómo nos hace sentir una comparación. Hay personas a las que una comparación las arrastra a tomar decisiones que no debían tomar, a ponerse en situaciones incómodas o a plantearse metas que ni siquiera sabían que tenían... porque no las querían hasta que se compararon con alguien más.

Leon Festinger propuso la teoría de las comparaciones sociales en 1954: nos comparamos con personas dentro de nuestro círculo social para crear puntos de referencia, porque tenemos una pulsión autoevaluativa. «Ay, Héctor, qué serio te pones». A ver, vamos despacio.

Básicamente queremos acomodarnos en una tabla como si fuéramos parte de una gráfica imaginaria para saber dónde estamos nosotros con respecto a los demás.

Este proceso nos hace querer estar cerca de gente que se encuentre cerca de nosotros en la tabla imaginaria. No nos sentimos cómodos en lugares o situaciones en los que nos encontramos cerca de personas que se alejan mucho de nuestra posición en esta tabla imaginaria. ¿A dónde nos lleva esto? A unas vacaciones con todo pagado a la zona de confort. Esto quiere decir que las comparaciones no solo hacen que nos sintamos de determinada manera, también influyen en nuestro comportamiento y decisiones.

El cuadro de honor

Somos víctimas desde pequeños: en el kínder se nos acomodaba por nuestras calificaciones, por nuestro comportamiento. Nuestro lugar en estas listas muchas veces se debe a nuestra obediencia y a nuestra capacidad para memorizar, más que a nuestra creatividad o conocimiento.

No hay mucho valor en hacer exactamente lo que se nos dice, ¿o sí? Además, aprendíamos cosas de memoria para un examen y lo olvidábamos al semestre siguiente. Y no lo digo por ardido: siempre estuve en el *top five*, en el cuadro de honor, pero al crecer me di cuenta de la presión y estrés que representaba que dijeran tu nombre tan solo para que te aplaudieran tus papás, sin que ello tuviera relevancia en el mundo real.

«Los ganadores comparan sus logros con sus metas. Los perdedores comparan sus logros con los de otras personas».

NIDO QUBEIN

Por este tipo de comparativas, algunas instituciones se aprovechan de los reconocimientos, sin tomar en cuenta si les sirven o no a sus alumnos. Te venden el diploma, pero se olvidan del desarrollo de habilidades. Y como tenemos algo para mostrar en papel, estamos perfectamente satisfechos con la compra, siempre y cuando no nos pidan que pongamos en práctica todo lo que «aprendimos».

En la psicología la comparación social se divide en dos: ascendente y descendente.*

La comparación ascendente es cuando alguien ha logrado más cosas que nosotros. Nos ayuda a ponernos retos y metas, nos impulsa para alcanzarlo y nos hace mejorar, pero si nos excedemos usándola terminaremos con inseguridades y envidia más que con un camino por recorrer. Al ser invisible solo vemos los resultados, lo cual hace que todo nos parezca inalcanzable.

La comparación descendente es la que usamos para contrastarnos con alguien que está «peor que nosotros». Esto nos hace sentir más seguros y nos coloca arriba en nuestra gráfica imaginaria, solo que al usarla para sentirnos bien con nosotros mismos nos volvemos dependientes del malestar de alguien más. En general, nos vuelve dependientes de alguien más para saber si estamos haciendo bien las cosas, si somos superiores, si somos atractivos, etcétera.

Si solo usamos las comparaciones, nos cerramos a lo que percibimos a simple vista sin tomar en cuenta todo lo invisible, a lo cual le podemos sacar provecho para conectar y crecer sin necesidad de competir.

Primero debemos saber qué podemos hacer sin compararnos con celebridades o con personas que llevan años en el mismo ámbito. Debemos ser capaces de reconocer nuestras habilidades en situaciones reales, no solo basándonos en una tabla imaginaria para poder sentirnos cómodos. No podemos competir contra los profesionales desde el inicio, ni olvidar lo subjetiva que puede llegar a ser una calificación.

---

* Cherry Kendra (2018). Social Comparison Theory in Psychology. Recuperado de https://www.verywellmind.com/what-is-the-social-comparison-process-2795872

Ejercicio sobre la subjetividad de las comparaciones

Visita un museo y realiza un recorrido sin ver quiénes son los autores de las obras que más te llamen la atención. Apunta las que más te gusten (no hagas trampa visitando obras maestras, ve a un museo que no conozcas), luego da una segunda vuelta y revisa los autores. Dime si la fama del autor fue un factor importante en tu calificación.

Existen personas que deciden rodearse de gente que les genera la satisfacción de la comparación descendente para crear la ilusión de que son líderes de esa «manada», en palabras coloquiales. Para sentirse bien consigo, un listillo se junta con personas menos inteligentes o hábiles que él, y da la ilusión de que es el más listo —y lo es, en ese pequeño grupo—; sin embargo, debemos recordar que no nos conviene que nuestro círculo cercano nos dé la razón, que nos digan que sí a todo, pues. Es mejor reunirte con personas sin compararte, juntarte con ellas solo por lo que te aportan y les puedes aportar. Si solo te juntas con gente a quien consideras inferior —para empezar, ¡qué mamón!—, todo lo que absorberás será el conocimiento que ellos te ofrecen, algo que en teoría ya tienes; por el contrario, si también te reúnes con gente más inteligente que tú, perderás algunas batallas, pero suena a un camino mucho más balanceado.*

Según John Rim, somos el promedio de las cinco personas con las que más nos juntamos. Suponiendo que lo que dice es verdad, ya te imaginarás quién eres si solo te juntas con gente que consideras en una situación peor que la tuya. Aquí es cuando decides rendirte con ese amigo que solo te pide dinero prestado o el que no puede dejar a su ex que lo maltrata y te pide consejos que jamás tomará. No digo que dejes de juntarte con ellos: son tus amigos y estás para apoyarlos, pero tu crecimiento personal debe enriquecerse con personas que estén en un lugar en donde quieres estar o que hayan alcanzado sus metas por mérito propio y te pueden ayudar a lograr las tuyas.

---

* Breines Juliana (2016). The Perils of Comparing Ourselves to Others. Recuperado de https://www.psychologytoday.com/us/blog/in-love-and-war/201607/the-perils-comparing-ourselves-others

DOMINGO DE BAJÓN

Competencia inexistente

APRENDE A NO HACER NADA... Y DISFRÚTALO

Es difícil ver cómo los demás avanzan en la vida, cómo van logrando cosas, llegando a sus metas, mientras nosotros seguimos detenidos. Sobre todo porque estamos acostumbrados a no parar nunca. Pero veces es necesario detenerse, especialmente cuando sentimos que corremos detrás de los demás. Aprende a disfrutar los momentos de descanso, disfruta de los momentos de silencio. Tómate tu tiempo, no todo es con prisa, no es una carrera: es-tu-vi-da. ¡Disfrútela ALV, compi!

Es más, a veces no hay nada malo en nuestras vidas, pero solo por ver lo que hacen los demás nos sentimos menos. Eso es horrible, NO LO HAGAS.

RECUERDA: si no has empezado, no eres competencia; eres un espectador.

No todo lo que hagas tiene que ser «productivo», no todo lo que hagas tiene que tener un propósito. A veces solo necesitas ver una temporada de *Grace and Frankie* mientras comes helado y ¡no pasa nada, es domingo!

La vida no se trata de ganar. Muchas veces le damos forma de carrera en nuestra mente a situaciones que no lo son. Las victorias no siempre traen felicidad. Nuestra primera tarea siempre será mantenernos sanos y felices. Aunque sea complicado entenderlo al principio, es común que pensemos que todo es una competencia, que el reloj está contra nosotros, pero no es así. Deja de pensar que tu vida es una competencia, porque de lo contrario te vas a cansar, te vas a frustrar, te vas a sentir solo, y cuando hayas «ganado» te vas a dar cuenta de que no disfrutaste el camino por estar luchando.

Si se burlan de ti por no saber algo, si se enojan contigo por intentar ayudar, si tratan de hacer tu vida más difícil solo porque sí, sé amable y ya. No intentes cambiar a los demás, hay gente que escribe su destino al no aceptar que están en el camino equivocado, y por más positivo que intentes ser, es mejor no atravesarse. Es gente a la que le da miedo pensar, que está a la defensiva porque las cosas no salieron como quería. Tal vez nunca se den cuenta de que su único enemigo son ellos mismos.

Rodéate de gente a la que le apasione lo mismo que a ti, de gente que haga las cosas diez veces mejor que tú, de gente que tenga mucho más éxito que tú, y no te sientas menos.

Es un privilegio poder tener conversaciones largas sobre lo que te apasiona sin temor a aceptar que estás en un proceso de aprendizaje y crecimiento, y aunque a algunas personas se les olvide cuando llegan a la cima, TODOS estamos en ese proceso. La diferencia está entre quienes lo disfrutan y quienes no se detienen para ver a su alrededor y sentirse bien por todo lo que han logrado.

Trabaja para descansar y acepta que te lo mereces

Tómate un tiempo para saber qué quieres y necesitas. A veces nos ocupamos tanto en escuchar opiniones y llenarnos de información innecesaria, que se nos olvida por qué estamos haciendo las cosas. Escúchate, inspírate y toma uno que otro consejo de gente que busque y quiera lo mejor para ti. Solo recuerda que, más que buenas intenciones, lo que realmente te ayudará es la experiencia de gente experta en el tema que estás trabajando.

A veces le damos protagonismo en nuestra historia a alguien más solo porque queremos que nos vaya mejor que a esa persona, cuando lo que deberíamos hacer es aprender de quienes tienen éxito. No necesitas derrocar a nadie para llegar lejos, deja de voltear a los lados y mira hacia adelante.

No compitas: piensa que todo lo que has logrado lo has logrado por ti, para mejorar tu situación, no para hacer menos a los demás.

Hay días en los que no tiene que pasar nada. Estamos acostumbrados a sentirnos culpables cuando somos libres de no hacer nada: recuerda que para avanzar también tienes que descansar y darte tiempo para liberar tu mente.

No tienes que hacer algo todo el tiempo. Puedes leer libros que no te dejen nada más que diversión, ver a las Kardashians sin que te dé vergüenza, bailar canciones que no dicen nada ni tienen un significado profundo. Está bien ser simplones de vez en cuando (no siempre, plis), y recuerda que no TODO lo que te digan tiene un significado oculto. No vivas de ilusiones; vive la realidad, las acciones.

En YouTube

Alguien que ve a todos como competencia podría ser buenísimo haciendo videos, ganar público y tener muchas vistas, pero una vez que esté en el primer lugar —por esa misma actitud de tratar de ganar cuando no es una competencia— sufrirá por mantener ese primer lugar, ese status. Por otro lado, una persona que tenga menos visitas pero que disfrute editar, elegir música para su video, leer comentarios y responderlos está haciendo exactamente lo mismo que el número 1; con menos visitas y suscriptores, pero disfrutándolo cada día. Sí, sí puedes ser el mejor y sufrir al mismo tiempo. Sufrimos porque aceptamos la imagen que los demás tienen de nosotros y todo lo que hacemos por mantenerla (sin saber siquiera si existe o no).

RECUERDA:

En el amor no se compite; alguien que te hace competir por su cariño no merece que luches. El amor no es un deporte.

Según la **Doctora Loretta G. Breuning,*** quien desde niña se fascinó con la manera en la que los animales resuelven sus diferencias, los mamíferos

---

* Loretta G. Breuning (2012). Social Comparison: Taming the Beast. Recuperado de https://www.psychologytoday.com/us/blog/your-neurochemical-self/201204/social-comparison-taming-the-beast

se comparan todo el tiempo para reducir conflicto. Nosotros también somos mamíferos y no podemos evitar las comparaciones.

De acuerdo con los estudios de la doctora Breuning, los mamíferos ignoramos todo lo bueno en nuestra vida por darle atención a «la competencia», como cuando tu novia voltea a ver a otro chico, cuando tu jefa felicita a tu compañera de trabajo, cuando a tu mejor amiga se le ve mejor un vestido que a ti. Lo hacemos porque nuestro cerebro envía una alerta para que el cuerpo entre en «modo supervivencia» y encuentre rápidamente cualquier evidencia de amenazas para nuestro bienestar. Estas pequeñas alertas también llegan ante la oportunidad de aparearse o de alimentarse; la diferencia es que su cerebro sabe que pueden sobrevivir sin sexo o sin alimento por un día, pero una batalla contra un contendiente más grande que ellos es una amenaza inmediata para sus vidas.

Aquí debemos entender una importante distinción: a diferencia de los humanos, para los que un cambio de carrera, mudarse de ciudad o cualquier transformación radical puede ser lo peor, en el mundo animal las consecuencias de perder casi siempre son la muerte. Por eso es común que comparen su tamaño con el de otros animales, para ver si vale la pena seguir en una pelea por aparearse o si conviene esforzarse en perseguir un antílope pequeño. También comparan la cantidad de calorías que le aportará al depredador con el trabajo que costará alcanzarlo. Los animales, pues, prefieren rendirse antes que perder. Los animales son precavidos, los humanos somos dramáticos.

Para evitar el sufrimiento innecesario, te recomiendo no visualizarte como un ganador ni perdedor, sino como alguien que se mantiene vivo y va mejorando sus aptitudes para aguantar las perdidas inevitables en este mundo competitivo. Esto es, a grandes rasgos, resiliencia.

«Los químicos del cerebro tienen una manera divertida de dar forma a las percepciones. Una vez que fluye el cortisol, su corteza superior busca evidencia de amenazas de supervivencia y es bueno para encontrar lo que busca, por lo que corre el riesgo de aumentar esa sensación de cortisol». Pa' pronto: si no encontramos una amenaza real, nos la inventamos, y nuestro cerebro puede ser bastante malo para distinguir entre realidad e imaginación.

La doctora Breuning ofrece un punto de vista frío, pero necesario: sobrevivir depende de comparaciones REALISTAS, no de sentirnos bien con nosotros mismos a partir de compararnos con los demás.

Nosotros decidimos qué imagen mostramos a los demás. Esto es evidente en las redes sociales: tú decides qué te hará ver bien, qué te «conviene» mostrar; el secreto está en no perder nuestra verdadera esencia para volvernos solo lo que mostramos. A final de cuentas, las redes alimentan nuestra inseguridad porque, como nosotros, los demás también deciden qué subir, así que comparten LO MEJOR de su día. Eso es lo que nos permiten ver, y nos sentimos mal porque, como ya vimos, el camino es invisible. Aprende a amar tu camino invisible también.

RÍNDETE CON EL ÉXITO

El concepto del éxito es algo bastante subjetivo. Todos tenemos nuestra idea de lo que significa, pero, como lo hablamos al inicio del libro, básicamente se trata de tener libertad y buen criterio a la hora de tomar decisiones.

Esto sucede menos de lo que pensamos, por eso existen personas que alcanzan fama mundial, tienen mucho dinero, familias felices, viajan y viven «como quieren», y aun así se sienten vacíos.

Debemos darle un propósito a nuestras metas: hacernos felices, acercarnos a otra meta más grande o aprender una lección.

¿PARA QUÉ QUIERES EL DINERO POR EL QUE ESTÁS TRABAJANDO? ¿EN QUÉ VAS A USAR EL CONOCIMIENTO POR EL QUE ESTÁS ESTUDIANDO? ¿POR QUÉ QUIERES VIAJAR A CIERTO PAÍS? DALE UN PROPÓSITO A TUS METAS Y A TU ESFUERZO.

Busca fuentes de felicidad que no terminen nunca, como la espiritualidad o el futbol. Siempre habrá un torneo de futbol, nunca habrá un ganador definitivo. Sabes que podrás esperar algo el próximo torneo, el próximo mundial, la próxima copa. Es un *loop* infinito de juegos y nuevas playeras por comprar cada temporada.

Creemos que, si tenemos una empresa, el éxito se traduce en tener cientos de empleados y oficinas gigantes, cuando quizá no sean necesarias para que funcione bien. Actualmente existen muchas compañías que operan con un pequeño grupo de personas que ni siquiera están en el mismo lugar. Ahorran recursos, son más eficientes y evitan los dramas de oficina.

Quieres tener una sala muy bonita en el recibidor de tu oficina cuando ni siquiera tienes quien se siente ahí. Piénsalo bien: una sala de espera es para que, cuando alguien esté dentro de tu oficina —o sea, cliente #1—, el cliente #2 pueda esperar y leer revistas viejas. Si estos clientes solo están en tu imaginación, ¿por qué estás buscando sillones cómodos para ellos?

Porque es más fácil comprar sillones que salir a buscar a esos dos clientes, es más fácil llenar esa lista mental sobre lo que significa el éxito que hacer el verdadero trabajo de tener satisfechos a quienes usan tu producto o requieren de tu servicio.

Aprende a cambiar de idea. Si estás dispuesto a cambiar tu forma de ver las cosas y mantienes siempre un pensamiento flexible, no habrá nada que te detenga; puedes cambiar de camino para llegar a la misma meta. Aprovecha que eres pequeño, que vas empezando; eso significa que puedes ser ágil. Muchas veces la gente «exitosa» está atrapada en conceptos, dogmas, ideales o expectativas. **¿Qué tan exitoso eres si no eres libre?**

Siempre me ha llamado la atención el uso del éxito. Algunas personas lo utilizan solo para demostrar que lo alcanzaron y se vuelve un círculo vicioso de presumir, ahí se detiene el progreso y se quedan donde mismo porque no saben replicarlo ni compartirlo; pero existen otras personas que lo utilizarán para ayudar a los demás a conseguir su propio éxito, se convierten en un ejemplo y ofrecen consejos. Estas personas normalmente mantienen el éxito. Aquellas que son exitosas de verdad no saben que lo son, y por eso las encontramos en constante movimiento, tratando de mejorar todo el tiempo.

El éxito viene de adentro, deja de buscarlo en otra parte. Tienes que estar feliz contigo para mirar dentro de ti y encontrar todo lo que pensabas que te daban otras personas.

«El éxito generalmente llega a aquellos que están demasiado ocupados como para estar buscándolo».

HENRY DAVID THOREAU

VIDA LABORAL

Se cancela la boda

Roberto es un amigo que estaba muy, muy, pero MUY enamorado de Ale, su novia. Llevaban ya dos años juntos y se apoyaban en todo. Ale entendía que debían trabajar por un mejor futuro juntos y ambos tenían un empleo que les gustaba y disfrutaban. Aunque no se pudieran ver todos los días, los momentos que tenían juntos los disfrutaban mucho. Cuando comenzaron a ahorrar para su boda, Ale comenzó a ver una realidad por primera vez.

Se acercaba la fecha y Roberto estaba cada vez menos involucrado en las decisiones de pareja. Incluso llegó a pedirle a Ale que se encargara de hacer las reservaciones para la luna de miel, ella sola, porque él no tenía tiempo.

Roberto estaba sacrificando casarse y disfrutar ese camino por conseguir el dinero para pagarlo. Su trabajo era un medio de transporte para llegar a una vida estable, pero a la hora de bajarse a ver el paisaje no se bajó.

Al final no se casaron y Roberto se dio cuenta demasiado tarde de que lo importante no es trabajar tanto para llegar en un Rolls Royce de oro a la boda, sino de trabajar lo suficiente para que tu jefe te deje disfrutar tu luna de miel sin llamadas ni correos. Roberto se clavó trabajando cada vez más, perdió la perspectiva de lo que realmente importaba y los motivos de ese trabajo: tener la boda que había soñado y ser feliz con su novia.

Es bueno detenerse en el camino y preguntarse si todos los sacrificios que has hecho han valido la pena y han ayudado a que te acerques a tu meta original, o incluso preguntarte si tu meta original es aún la que quieres alcanzar.

Trabajamos para mejorar nuestra calidad de vida, solo que se nos olvida la parte de la calidad.

Job hoppers

Un *job hopper* es una persona que va saltando de empleo en empleo, buscando renovarse, aprender más y mejorar su salario, o una persona que va saltando de empleo en empleo porque no tiene un rumbo fijo ni sabe lo que busca en realidad además de la paga.

Aunque muchos reclutadores prefieren evadir a personas que pasan menos de un año en un empleo (un trabajador tarda alrededor de seis meses en estabilizarse y adquirir los conocimientos necesarios para un puesto), un gran porcentaje de empleadores ve esta acción como algo positivo, ya que el empleado que ha estado en distintas empresas posee una variedad de perspectivas y flexibilidad en retos y habilidades desde diferentes puestos.

ALGUNAS DE LAS VENTAJAS DE UN *JOB HOPPER* SON:

- Adaptabilidad

- Conocimientos variados en la industria

- Facilidad para relacionarse

- Mayor número de contactos

- Diferentes estrategias de ejecución

- Distintas estrategias al tomar acción

- Nuevas habilidades adquiridas

- Motivación renovada

Si vas de trabajo en trabajo para aprender, crecer y mejorar, quiere decir que tienes un propósito; si lo haces simplemente por dinero o porque no sabes lo que quieres, entonces es solo una meta que se borrará en poco tiempo.

Es importante que sepas lo que en verdad quieres y aceptes a lo que te atienes al cambiar de trabajo tan a menudo (la posibilidad de que el reclutador ignore el resto de tu currículum cuando vea que cambias más de empleo que de calzones). Debemos aceptar que no podemos tenerlo todo, a veces hay que renunciar a ciertas posibilidades cuando reconocemos que nuestro propósito vale la pena. No existe una manera correcta e incorrecta al tomar este tipo de decisiones, pero siempre debemos ser honestos con nosotros mismos.

EXCUSAS

Pretextos

Le pedí a mis seguidores en Instagram que fueran honestos con ellos mismos y me comentaran quién o qué los ha detenido de lograr lo que quieren. La respuesta más frecuente fue «yo mismo» o «yo misma», y en segundo lugar «miedos», lo cual entra en la categoría de «yo mismo» porque, recuerda, el miedo no es un monstruo que baja de las montañas y bloquea la puerta de tu casa para que no hagas nada con tu vida; el miedo vive en tu cabeza. Las otras respuestas fueron las siguientes:

- Mi edad

- Autoestima

- Inseguridad

- Soberbia

- Los sueños de alguien más

- Mis paradigmas

- Temor a equivocarme

- Conformismo

- Competencia

- Un examen de admisión

- ¡Guapo!

- Dinero

- Mis padres

- Desorganización

- Constancia

- Pensar demasiado

- «Mi excompañera de trabajo, que empezó a decir cosas de mí, y mi jefe, por creerle» (¡uy!, aquí sí se pasaron de lanza)

- «Las pocas oportunidades que me han dado»

- «Que no me pelan los cabrones que quiero»

- «Pensé que era mi ex, pero todo el tiempo había sido yo»

Ahora vamos a hacer un ejercicio: de los factores en la lista, ¿cuáles son externos a tu mente? Esos son los que tú no puedes controlar (y aun así hay formas de resolverlo); decir eso es adelantarnos a los hechos sin intentarlo y a eso le llamamos excusas. Si necesitas dinero, trabaja por él; si es el examen de admisión, estudia; si son tus padres, demuéstrales que por algo haces las cosas.

Si crees que alguien más te va a dar eso que tú no te has podido dar, entonces vas en un camino lleno de dolor e incomprensión.

He conocido gente que no puede salir de casa por cuestiones de salud y se dedica a crear arte increíble, escribe historias mágicas y hace todo lo que puede sin culpar a nadie. ¿Tú puedes salir de tu casa? ¿Decidiste usar tu habilidad para salir por un elote y ver 19 videos de chismes seguidos? Allá tú.

Si sientes que TODOS están en tu contra o que TODOS creen que no puedes lograrlo, eres tú imaginándote que TODOS piensan eso. Porque a menos que puedas leer mentes (si es el caso, te recomiendo que dejes el libro y vayas a vivir tu vida), dudo que sepas realmente lo que piensan los demás de ti.

Excusas

Es más fácil creer que existe un secreto o una clave del éxito. Podemos pasar años buscando alternativas fáciles para llegar a nuestras metas, pero también dedicar esos años a aprender, mejorar nuestras técnicas a la hora de ejecutar los planes, trabajar duro, ampliar nuestra forma de pensar y tomar mejores decisiones. Lo segundo suena más seguro, ¿no?

Y aunque de vez en cuando aparezcan «atajos» o maneras fáciles de conseguir las cosas, no siempre son la mejor opción. Por ejemplo: si apareces en un *reality show* en el que besas extraños y te peleas con ellos en albercas mientras estás en estado de ebriedad, puedes obtener fama instantánea (la gente ama las peleas de gente borracha en traje de baño), pero no fama duradera como la de alguien que ha trabajado durante años en la industria del entretenimiento y aparece en películas que te recuerdan momentos felices de tu vida (la gente también ama recordar momentos felices de su vida).

Tu crush por fin te confesó por qué no te hace caso, accidentalmente encontraste la razón por la que nadie te da trabajo, despertaste a media noche con la respuesta a esa pregunta que no te dejaba avanzar en tu proyecto. ¿Y? ¿De qué sirve tener las respuestas si no vas a usarlas? Es como comprar una cámara fotográfica y no usarla porque no tienes modelo. Toma las malditas fotos, de cualquier manera las primeras mil serán malas. No pongas excusas.

Las excusas te hacen sentir bien, te dan la razón, te dan la satisfacción de estar en lo correcto y validan tu situación actual. Te hacen decir: «Estoy en un lugar que no me gusta, con gente que no es de mi agrado» por RAZONES; pero las excusas solo son RAZONES, no acciones.

A veces luchamos más por tener la razón con nuestras excusas, las protegemos y las vamos envolviendo, las hacemos más fuertes y les damos el poder de controlar nuestra situación y lo que hacemos al respecto. Nuestras excusas TAMBIÉN nos protegen a nosotros, nos ayudan a mantenernos cómodos —en nuestra zona de confort—, nos dejan acumular situaciones malas que parecen buenas y nos dejan tirar la hueva bien a gusto. Por eso nos encontramos defendiendo nuestros límites mentales en vez de rendirnos con ellos y tomar acción.

«Tanto si crees que puedes como si no, tienes razón».

HENRY FORD

Ok, ya en serio, vamos a hablar de las excusas más usadas:

No tengo dinero

Hay muchas formas de empezar a hacer lo que te gusta sin gastar mucho dinero. Supongamos que quieres ser fotógrafo, pero no tienes dinero para comprar una cámara. En este caso puedes ser asistente de un fotógrafo profesional y así aprender conceptos básicos de foto... «PERO QUÉ HUEVA, yo quiero ser fotógrafo, no asistente»... La otra opción es aprender a través de cursos en internet y tener un empleo temporal para así comprar la cámara... «PERO QUÉ HUEVA, yo quiero ser fotógrafo, no mesero»... También puedes rentar una cámara a un precio muy accesible y así aprender poco a poco... «PERO QUÉ HUE..., ah, esto sí lo puedo hacer, ok, ok... pero NO TENGO TIEMPO».

No tengo tiempo

Esta excusa es muy común y, siendo honestos, la mayoría de las veces no es verdad. Si realmente quieres algo, vas a organizar tu tiempo para así introducir eso que quieres hacer en tu día a día. Puedes marcar en un calendario tus actividades de la semana y de esa manera encontrar espacios libres en tus días. Aprovecha ese tiempo y úsalo de la mejor manera posible... «OK... OK... ¿Y SI NO PUEDO?».

Pues no lo hagas, pero no te quejes.

Mucha gente que no tiene dinero usa su tiempo libre para hacer lo que le gusta y mucha gente que no tiene tiempo usa su dinero para comprar tiempo libre.

Si no tengo tiempo ni dinero, algo estoy haciendo mal, porque se pueden intercambiar uno por otro. Las excusas matan el potencial. Dejemos de perder tiempo al pensar en cosas que tal vez nunca van a pasar, dejemos de gastar nuestro dinero en cosas que jamás vamos a usar.

Hay gente que se preocupa por resolver problemas que aún no tiene, lo cual la detiene de seguir en el proceso de llegar a sus metas. Muchas veces esos problemas solo se encuentran en un futuro lejano: en la imaginación de una persona llena de excusas.

«Pa' qué tiendo la cama, si la voy a destender».

Puede haber muchas razones para no hacer las cosas, pero debe existir una mejor razón para sí hacerlas.

Si llegas a tu casa y no tienes tiempo de dedicarle una hora a lo que te gusta hacer porque NECESITAS distraerte, con mayor razón debes darte el tiempo de buscar una actividad en la cual no te duela enfocarte.

Tenemos estándares muy extraños: no tenemos problema con gastar 300 pesos en una comida fuera de casa, pero nos duele el codo pagar 500 pesos para ir con un nutriólogo que nos ayude a mejorar con una sola cita lo que comemos en todo un mes.

Supongamos que Margarita tenía como meta aprender a tocar guitarra y algo le complica cumplir esa meta. Por ejemplo, se me ocurre algo loco: estar en una relación tóxica. Si ella realmente quiere cumplir lo que se propone, debe identificar los obstáculos que se lo impiden (ojo, identificar los obstáculos para tomar acción, no para excusarse en ellos y no hacerlos).

Ella pudo haber estado en PXNDX si hubiera aprendido a tocar guitarra y cortado a su novio a las primeras señales de que la relación iba mal, y habría escrito muy buenas rolas de desamor en el proceso, pero no: dejó que pasaran dos años de esa mala relación y ahora solo está triste.

En un universo paralelo, Margarita estuvo triste porque cortó a su novio a los dos meses, pero ahora cuenta con tiempo para aprender a tocar la guitarra, tiene su primera tocada y llegan los primeros *likes* a su página de Facebook. Los *likes* no eran la meta principal, sino la consecuencia de hacer lo que le gustaba.

El riesgo de las excusas siempre es caer en la zona de confort. Es igual de importante empezar a hacer las cosas, seguirlas haciendo, aprender y reaccionar a nuevos retos.

Víctima

Cuando me negaba a rendirme con la relación tóxica en la que estaba, no me daba cuenta de que al mismo tiempo fracasaba conmigo mismo y en mis metas. Dejaba a un lado aspectos de mi vida en los cuales no tenía planeado rendirme, pero en los que también estaba fallando y dejando de disfrutar. Culpaba a mi ex por mi falta de acción e interés en MIS PROPIOS proyectos.

Ya te cargó el payaso, ya te rompieron el corazón, fueron injustos contigo en el trabajo, hablaron mal de ti a tus espaldas, tuviste problemas en tu casa, el karma te cobró algo que hiciste hace tiempo y aquí estás, aquí sigues, y eso es bastante inspirador.

Las personas que más admiro son las que a pesar de haberla pasado mal sonríen, las que a pesar de estar teniendo un mal día tratan a los demás con amabilidad; así que si tú eres una de esas personas, te admiro y te respeto.

Ya está demostrado: infancia *no* es destino. El inicio de tu historia, aquellas cosas que sucedieron cuando tenías cinco años y no podías controlar, no te definen; te define lo que haces ahora. A veces es difícil dejar atrás nuestras raíces, ignorar de dónde venimos, pero eso nos puede impulsar a mejorar nuestra historia o a alejarnos de la que alguna vez fue nuestra realidad.

Así como solemos culpar a nuestro pasado, siempre es más fácil decir que sucedió algo ajeno a nosotros en lugar de responsabilizarnos por la situación. Si quieres lograr algo, deja de ser una víctima y hazte responsable de lo que haces o no haces. Al mundo real no le importa si tu familia está llena de apostadores compulsivos o si tu novio prefiere ver Blim en vez de Netflix. El internet no sabe si tienes un brazo o dos, si escribes buenas historias de misterio o no; a la vida no le importa si te cortaron o no.

Hay tanta gente «insatisfecha» con la vida porque crecieron en una burbuja en la que podían quejarse para conseguir lo que querían. Hoy, frente a un problema, prefieren usar chantaje emocional cuando se dan cuenta de que no tienen la razón; pero cuando se encuentran con retos de verdad o con gente honesta, no pueden con su vida y todo se viene abajo.

A la vida no le importa si estás motivado, ni le importa tu talento que estás guardando para el momento indicado; al tiempo le importa un pito si tienes ganas de trabajar o no; al éxito le vale queso si le caes bien a tu jefe. A nadie le importa si las últimas semanas han sido muy difíciles para ti. Porque sea o no tu culpa lo que estés pasando ahora, es tu responsabilidad seguir adelante. Y tal vez lo que está pasando te hace sentir mal y estás en todo tu derecho de sentir enojo, tristeza, decepción. No siempre puedes (ni debes) controlar cómo te sientes, pero ¿sabes que sí puedes controlar? Lo que haces al respecto.

Sí, todos somos tercos. Es súper difícil aprender de los errores de alguien más, pero no dejes que el miedo a cometer errores te detenga de hacer algo.

«No podemos cambiar las cartas que se nos reparten, pero sí cómo jugamos nuestra mano».

RANDY PAUSCH, *LA ÚLTIMA LECCIÓN.*

LA SUERTE

TRUCOS Y ATAJOS

Puedes pasar 50 años buscando un atajo cuando pudiste haber hecho el trabajo durante diez y haber conseguido lo mismo. A veces les dedicamos más tiempo a los atajos que al trabajo. Recuerdo amigos que dedicaban todo su fin de semana en hacer un acordeón para copiar en el examen, cuando pudieron haber estudiado un par de horas. Una buena calificación de alguien que estudió no es igual a una buena calificación de alguien que copió. Quien haya estudiado puede usar ese conocimiento, quien copió probablemente es bueno para hacer la letra muy chiquita y ya.

La constancia es la voluntad en la determinación de hacer una cosa, es decir, qué tanto te aferras a conseguir lo que quieres; puede ser aprender a cocinar, pintar, ir a trabajar todos los días o amar a alguien.

No puedes engañar al sistema, no puedes cambiar la jugada todo el tiempo. RÍNDETE y haz el trabajo, no hay trucos mágicos ni secretos. Nos gusta pensar que los hay y podemos pasar muchísimo tiempo haciendo estrategias, cambiando de planes, cuando podríamos hacer LO QUE TENEMOS QUE HACER.

No se trata de subir diez escalones de un salto, es imposible. No vas a despertar un día siendo Superman, pero puedes subir un escalón al día. No intentes darle una vuelta de 180 grados a tu vida de un día para otro, los verdaderos cambios tardan en verse. Tal vez no lo notas porque TÚ ESTÁS CONTIGO TODO EL DÍA, pero cuando alguien más vea lo que has logrado después de no verte o hablar contigo por 30 días, seis meses o siete años de constancia, notará la diferencia. Trata de pensar a largo plazo, pero avanzando día a día.

Detrás de toda persona exitosa hay muchas horas de trabajo duro que no todo el mundo ve ni está dispuesto a sacrificar. Mucha gente le pone otros nombres a ese trabajo duro para que así sea más fácil de digerir; algunos le llaman suerte, casualidad o destino, en lugar de llamarlo como lo que es: trabajo y constancia.

Creer que el éxito de alguien depende completamente de la suerte es darle todo el crédito a un factor impredecible, algo que no podemos controlar, pero... ¿Sabes qué sí puedes controlar? Las horas de trabajo que le dedicas a un proyecto.

ES UN PROCESO

Yo quería ser chef. Veía a los más famosos e inspirado por ellos entré a la carrera de Gastronomía. Tenía el objetivo en la mira: ser como ellos, salir en la televisión, cocinar platillos raros, viajar por el mundo y ser dueño de mi propio restaurante, pero eso era lo único que veía (la meta). No tardé en darme cuenta de que a mis compañeros no les importaba pasar horas en la cocina, quemarse y cortarse; les gustaba llegar cada día a hacer lo mismo, estaban motivados por el simple hecho de estar ahí.

Yo no quería estar ahí, sino llegar a mi meta desde el principio. La verdad es que no era mi pasión, solo veía los resultados de gente que ya se había puesto la chinga que se ponían mis compañeros todos los días.

Aunque no lo creas, darte cuenta de lo que no te gusta es un paso en la dirección correcta hacia encontrar lo que sí te gusta. Yo supe que crear contenido era mi pasión después de hacer otras cosas que no me apasionaban.

Un escalador no debe enamorarse de la cima de la montaña, debe disfrutar cada paso que da. Un pintor no solo debe enfocarse en vender cuadros, sino en disfrutar la pintura, elegir brochas, trazar el lienzo, pintarlo, lavar las brochas y volver a comenzar.

Hay un video de 1966 en el que Woody Allen boxea contra un canguro en un extraño programa de televisión de comedia (supongo que en los sesenta eso daba risa), antes de que se volviera el reconocido director que es ahora. Su pasión era la comedia: se puede hacer reír con una película o con un chiste. A veces, antes de ganar un Oscar, debes boxear contra un canguro.

Y siendo sincero, tal vez te falta tiempo para cumplir tus metas, pero no dejes que esa lejanía te paralice; al contrario, serán años que disfrutarás al aprender y al hacer lo que amas. Todo estará bien si te dedicas a lo que te apasiona. Si te apasiona la fotografía y quieres ser un buen fotógrafo, tendrás que pasar muchos años tomando fotos antes de ser excelente. ¿La buena noticia? Vas a pasar años haciendo lo que te apasiona.

El milagro

Tu jefe no se va volver buena onda mágicamente y, aunque tus resultados hablen por ti, tal vez quien tenga la autoridad de decidir si mereces más vacaciones o un ascenso no está dispuesto a revisar los hechos. La vida no es justa.

La realidad es que la gente no cambia de repente: si no has sentido felicidad en tu relación, dudo que vaya a aparecer un hada para que tu pareja cambie a como te gustaría que fuera.

Esperar un milagro puede ser un riesgo aún mayor que tomar acción. Podemos ser una rana hervida si no sucede nada (página 107) o las razones por las cuales consideramos rendirnos podrían volverse peores o más grandes y dejarnos atrapados en nuestra falta de decisión. Es darle mucho más poder a la fe que a nuestro lado racional, el que nos ayudará a tomar en cuenta los puntos necesarios para decidir alejarnos o dejar de lastimarnos.

Ser 100% optimistas podría impedirnos ver la realidad y terminar lastimándonos. Para los débiles y huevones siempre será más fácil darle el crédito a la suerte cuando los demás tienen éxito. Se niegan a ver el trabajo que hay detrás de los triunfos de la gente. Frases como «Fue pura suerte», «Nació en cuna de oro» o «Lo logró de la noche a la mañana» es lo que vas a escuchar de esas personas.

¿Por qué?

Porque es más fácil decir que fue gracias a algo que no podemos controlar. Una vez más, ¿qué sí podemos controlar? El trabajo.

EL TEOREMA DE LA GORDA EN TOBOGÁN

DÉJATE IR.

El dilema de sufrir dos veces: sufres por pensar que se te va a caer el helado, luego sufres porque se te cayó.

¿Por qué sufres dos veces?

Porque te gusta tanto tu relación que ya no la disfrutas, porque tienes tanto miedo de que termine que empiezas a dudar. Llegan los celos, la inseguridad; empiezas a inventar problemas, idealizas a tu pareja, la pones en un pedestal y en una posición muy difícil. Así que ya no te diviertes, solo estás pensando en que no quieres que llegue el final, y después de que sufriste horrores por conservarla... sí, bebé, se termina, y cuando se termine habrás sufrido el doble.

¿Por qué me da miedo?

Porque probablemente ya te pasó, creíste en alguien y se acabó. Es como cuando te dicen que no volverás a amar como la primera vez que amaste.

¿Por qué no puede ser igual?

Por ti, porque comienzas a reservarte, a mantener tu distancia. Tú mismo creas barreras para protegerte. Cada vez te alejas más de la sensación del primer amor, creyendo que fue el único, y lo pones en un pedestal cuando en realidad tú cambiaste todo este tiempo (para bien y para mal, lo cual es normal).

No tengas miedo de ilusionarte. Tal vez duela, pero muchas veces esa fe en el futuro incierto es lo que te hace seguir. Sin darte cuenta estarás avanzando y esa ilusión puede ser buena gasolina. No siempre funciona, pero cuando te encuentres en la meta y reconozcas que eso que te ilusionaba ya está en tus manos, ya tienes ese proyecto, esos boletos, ya estás con esa persona o en camino a ese destino, te darás cuenta de que valió la pena visualizarlo. ¡Sigue!

Poco a poco nos quitamos miedos, y uno de los más difíciles de quitarnos es el miedo a la opinión de los demás. Nos vamos creando capas con esas opiniones y, cuando llega alguien a conocernos, solo puede ver lo que las personas que opinaron querían ver. Lleva tiempo, pero se siente bien mostrarte sin los efectos de las palabras de gente negativa.

Aunque muchas personas te hayan decepcionado, tiene que haber un momento en tu vida en el que decidas volver a confiar. Hay mucha gente increíble a la que no le estás dando una oportunidad por culpa de una mala experiencia con otra persona que bajo diferentes circunstancias no cumplió con lo esperado; hablo de amistad, trabajo, amor. En todos los aspectos de tu vida es bueno seguir conociendo gente que te aporta.

Si te encierras en tu caparazón por miedo, dejas que quienes te hicieron daño o te traicionaron ganen, y la verdad es que no tienes que explicarle tus acciones a alguien que ni siquiera está en tu vida.

Que el miedo a sufrir o perder no te detenga de entregarte a algo que te hace feliz. Todas esas situaciones negativas que te hacen dudar están en tu cabeza. La mayoría no ha sucedido y lo más seguro es que no suceda. Si lo diste todo, si de verdad lo diste todo, y llegas a fracasar, igual te va a doler, pero disfrutaste el camino, ¿no? En cambio, si durante todo el recorrido anduviste con miedo y fracasas, te dolerá sin haber disfrutado nada.

Todos sabemos que el final del tobogán es una caída libre y siempre hay agua, tierra o lo que sea que te va a detener. No puedes caer para siempre (a menos que vivas en el espacio, sin gravedad, pero qué aburridos toboganes hay en el espacio). ¿Vas a llorar todo el camino o mejor vas a disfrutarlo? Tú solito te subiste, escalaste esos peldaños para dejarte caer. Al final lo gratifi-

Si dejas de poner barreras, podrás tener un primer amor cada vez que te enamores.

cante siempre va a ser la caída y cuando llegue un tobogán lo suficientemente divertido, te querrás volver a subir, sin pensarlo.

No te niegues los placeres, los mereces. Solo no dependas completamente de ellos, acepta que acabarán y vendrán otros: en eso consiste la renuncia, en disfrutar el momento sin aferrarnos a él. Recuerda que huir del dolor de perder solo genera más dolor y pérdida.

Está bien planear y tener cuidado, pero no se vale ser tan precavido como para no vivir la vida. Ten cuidado, pero no tanto. Deja que la cosa se ponga emocionante.

Lo peor que puedes hacer es no aceptar amor por miedo a que te lo quiten después. Y hablo de cualquier tipo de amor, no solo de pareja. Acéptalo, regrésalo, transfórmalo, crece con él. Un día te vas a dar cuenta del cariño que tenías a tu disposición y cómo nunca lo disfrutaste de verdad. No le tengas miedo al amor ni al camino que pueda tomar, tenle miedo a no disfrutarlo.

El fracaso te paralizará, bloqueará tu aprendizaje y la oportunidad de aventurarte. El miedo al fracaso es peor que el fracaso. El miedo no te deja vivir, no te da oportunidades ni te permite dar el primer paso; el fracaso sí.

Que la experiencia de rendirse no se convierta en sufrimiento. Si lo evades, no aprendes de él y regresará a ti eventualmente.

Lo peor que puedes hacer es no aceptar amor por miedo a que te lo quiten después.

NO TE SIENTAS CULPABLE

No te sientas culpable por querer mejores personas en tu vida, más dinero, un mejor trabajo, amigos que te escuchen, zapatos con llantitas para llegar más rápido a los tacos. NO TE SIENTAS CULPABLE POR QUERER TACOS DE CHICHARRÓN CUANDO SOLO HAY DE PAPA, siempre habrá otra taquería.

A veces tienes que olvidarte un poco de los sentimientos del taquero, tal vez debió pensar en no hacer tantos tacos de papa. Hoy en día nos hacen sentir culpables por no querer continuar.

Desde pequeños nos educan con obligaciones y responsabilidades, nadie nos enseña a ser libres de verdad. La culpa se usa como un mecanismo de control y manipulación; algunas religiones la utilizan para obligar a quienes dejan de creer, de aportar recursos o de asistir a sus ceremonias para mantenerse vigentes. Y como veremos más adelante, las consecuencias nos obligan a ser responsables, pero la culpa siempre será enemiga. ¿Qué hay de quienes tienen buenas intenciones y dejan de luchar por sus derechos solo por un sentimiento de culpa?

Hay que saber distinguir cuándo comenzamos, mantenemos o terminamos algo porque queremos y cuándo estamos porque TENEMOS QUE ESTAR o porque se espera que estemos.

Rendirte no te hace mala persona ni un fracasado. Alejarte de lo que te agobia o de lo que no entiendes te da una nueva perspectiva. Está bien cambiar de opinión y decidir algo distinto como futuro; solo intenta no lastimar a nadie en el camino, lo cual muchas veces también es imposible. Piensa bien la situación; la mayoría de las veces que no estás seguro o segura del lugar en donde trabajas o de la relación en la que estás, lo más sano para ti, para tu jefe o tu pareja es tomar distancia. Aunque no lo entiendan al mismo tiempo ni de la misma manera que tú, tarde o temprano se darán cuenta (o tal vez no, pero eso será bronca de ellos, que no te detengan). Cuando seas honesto contigo mismo, ya no habrá vuelta atrás.

Si ya te esforzaste mucho, invertiste tiempo, dedicaste canciones y sientes que no te quieren como quieres que te quieran, tal vez tu novio o novia no se ha dado cuenta de que tú no eres lo que en realidad quiere. Si se queja mucho de ti, te hace sentir culpable o te das cuenta de que trata de cambiar tu forma de ser, entonces tal vez necesita que tú se lo digas: «Oye, tal vez no soy la persona que quieres como pareja».

Que no te corte no significa que sea la persona correcta, solo que no se ha atrevido. Quedarte en una relación así terminará por lastimarlos a los dos y afectará la manera en la que te percibes a ti mismo, tu salud mental y tus relaciones con amigos y familia.

RECUERDA:

«No puedes salvar a los demás, solo amarlos», y a veces tienes que amar lo suficiente para dejarlos ir, consciente de que es lo mejor para los dos. La culpa puede hacerte creer que eres responsable de la otra persona, que eso es amor, pero no te puedes quedar con alguien solo porque sientes que te necesita.

Las personas no son robots que puedes arreglar. Son humanos que pueden decidir crecer y mejorar, sin estar obligados. Si ya diste todo y los resultados no reflejan tu compromiso, es hora de dejarlo ir.

A veces ayuda recordar los malos momentos. Si eso ayuda a darnos seguridad en nuestras decisiones, entonces está bien dejar que los recuerdos nos ayuden a sentir que estamos tomando una buena decisión al tiempo que consideramos que no somos la víctima y asumimos nuestra parte de responsabilidad en la relación.

En una relación

Cuando por fin llegó la hora de hacer ese viaje que planeamos durante un año entero y estábamos ahí, me di cuenta de que yo no lo disfrutaba. Apostamos por un viaje que resolvería nuestros problemas en lugar de enfocarnos en nuestra relación, en una conexión que nosotros no procuramos meses antes de ese viaje. Y la realidad es que puedes irte lejos de donde surgió un problema o conflicto, pero si es tu problema y está en tu cabeza, este se va contigo a donde vayas. No se trata de escapar, sino de dejar ir realmente. Alejarte ayuda a tomar una perspectiva distinta; pero si alejándote sigues viendo el problema de cerca, entonces tienes una buena razón para cortar el problema por completo.

«Lo merezco, pero no lo quiero. Por eso me voy».

JULIETA VENEGAS, «ME VOY»

No te sientas mal por ser *raro*:
Ya que muchos estudiamos o aprendemos casi lo mismo durante los primeros 18 años de nuestras vidas, es común que tengamos los mismos conocimientos básicos que millones de personas de nuestra edad; después deberemos competir contra ellas por un trabajo.
Decidimos lo que queremos hacer por el resto de nuestras vidas tomando como referencia una lista limitada por el país en donde nacimos, la gente que conocimos, el dinero que tienen nuestros padres, nuestro color de piel. Básicamente comenzamos iguales y luego nos limitan a la hora de diferenciarnos.

Para empezar: ¿normal?

¿Qué es normal?

Somos pedazos de carne en proceso de descomposición que hablan y usan telas de diferentes colores para identificarnos, distinguirnos y decidir en quién confiar, quién nos atrae, quién nos cae bien y quién nos cae mal. Y suelen decirnos que la gente *rara* está mal, que no debemos confiar en extraños y que el mundo está lleno de locos.

Es muy simple: hay cosas que se consideran normales, pero que no son buenas para ti.

Es normal tener un trabajo en una oficina y transportarte para llegar a ella, pero no es bueno para tu economía gastar la mitad de lo que ganas al día en comida y transporte.

Aprovecha, sácale ventaja y disfruta tu rareza.

Creatividad

«Un adulto creativo es un niño que ha sobrevivido».

URSULA K. LE GUIN

Puedes saber muchas cosas y guardar información importante, pero pensar algo desde cero o aportar algún tipo de innovación es otro nivel. Si eres una persona creativa, júntate con gente que no rechace tus inventos, tus poemas, tus chistes; júntate con gente que busque aportar. No dejes que maten tu creatividad solo porque no la pueden comprender.

Prepárate. Habrá veces en las que poca gente entienda tus creaciones, pero si las haces honestamente estarás satisfecho, y eso es suficiente, no lo olvides.

Tardé mucho en aprender a apreciar mi propia creatividad. Llegó a darme vergüenza decir a qué me dedicaba, ya que no era un trabajo muy común. Me queda claro lo extraño que debió de ser para mis padres platicar con sus amigos sobre el trabajo de su hijo, pero con el tiempo aprendí lo genial que es crear tus propias reglas. Ahora siento orgullo de decir: «Hago videos para internet».

Debemos tratar a nuestra creatividad como un músculo, entrenarla; es parte de esa rarez que llevamos dentro y debemos apreciar. No rechaces tus

No dejes que maten
tu creatividad
solo porque
no la pueden
comprender.

propias ideas inmediatamente; ya verás que cuando comiencen a funcionar tal vez llegue alguien que quiera usarlas o incluso copiarlas, solo recuerda que las ideas son renovables. Si pudiste crear algo tan bueno que te lo quisieron robar, puedes crear más; ellos no.

No te enamores de tu primera idea. Según **Adam Grant** en su libro *Originals*, la diferencia entre todos los grandes personajes que reconocemos en las artes y los que no, es que los primeros nunca dejaron de crear (Picasso, por ejemplo, dejó de pintar hasta los 91 años). ¿Cómo mantenían su éxito o singularidad? No paraban de crear y cambiaban con cada obra, hacían pequeños cambios.

¿Qué son estos pequeños cambios? Una infidelidad a nuestra zona de confort. Implican rendirnos ante lo que pensábamos que podíamos hacer (cosas que hicimos bien pero que nos atan a un estilo o manera de hacer las cosas, matando nuestra creatividad) y dejar en el pasado los conceptos que creamos para hacernos libres.

Prioridades

Los sueños pueden esperar, el hambre de tus hijos no. Las ideas pueden esperar, el pañal cagado de tu hija también, pero no tanto.

Nos educaron para pensar que todos nuestros sueños se pueden volver realidad si de verdad creemos en ellos, y esa es una mentira que debes abandonar de inmediato.

Como dijo Shonda Rhimes en el discurso de graduación a la clase del 91 de la Universidad de Dartmouth: «El trabajo duro es lo que hace que las cosas sucedan o cambien. Abandona tu sueño y haz las cosas, no las sueñes».

A veces suena demasiado cursi e irreal porque «lo normal» es ir al ritmo de los demás, trabajar para sobrevivir, y si trabajas en algo que te gusta, entonces tienes mucha, mucha suerte. Como es algo inusual, posiblemente el ritmo en el que avances sea diferente al de los demás. Si no has tenido la suerte de encontrar eso que disfrutas hacer, tal vez se deba a que la velocidad a la que va la mayoría de la gente con la que convives no te permite parar.

No nos detenemos a pensar cuál es nuestro sueño. Pero imagina todo lo que hacemos sin pensar en ello: primaria, secundaria, clases de pintura, futbol, ir a misa, meternos a diplomados, arreglarnos para ir a fiestas, lo que hacemos para ir a una boda, ir a algún cumpleaños solo por quedar bien, buscar el regalo perfecto para alguien que no lo aprecia, estudiar días enteros para un examen, preparatoria, universidad, maestría, doctorado. Todo lo que nos lleva a lograr estas cosas. ¿Y el ritmo de los demás no nos da oportunidad de detenernos a pensar por qué lo hacemos?

Imagina todas estas acciones, esfuerzos, tareas y convivencias dirigidos a un objetivo que te llene. Imagina disfrutar todas estas etapas al máximo porque todas tienen un poquito de lo que amas hacer. ¿No te darías la oportunidad de sentarte a pensar en qué quieres hacer con todo este tiempo?

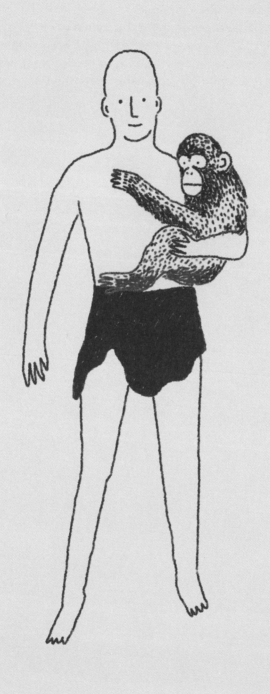

#TODOSSOMOSTARZÁN

Estoy muy orgulloso de esta bonita teoría que desarrollamos un grupo de científicos y yo. Costó cerca de 60 millones de euros y 13 años de trabajo que involucró viajar entre laboratorios, montañas, cuevas, y consultar monjes y piratas en seis de los siete mares.

La teoría de Tarzán

Debemos poder rendirnos, pero para que funcione debemos imaginar que somos este amado personaje conocido por columpiarse de liana en liana, paseando por la selva para poder avanzar rápidamente como los gorilas (uh uh uh, gracias, Melody). Este sujeto tenía que colgarse de una liana y soltarla en el momento preciso para pasar a la otra.

Desde pequeño me sorprendió cómo encontraba la siguiente liana disponible en el MOMENTO JUSTO. Me podrás decir que Spiderman hace lo mismo, PERO NO: Spiderman genera su propia telaraña (ya sea con sofisticados cartuchos o directamente de sus muñecas, según el Spiderman del que hablemos). Tarzán no: este wey es TAN CABRÓN que en unos segundos ya sabe cuál rama es suficientemente resistente para aguantar el péndulo que lo llevará a la siguiente.

Ese empleo que no te gusta es una liana en la selva: una liana que tal vez huele a caca y te disgusta, pero al final de cuentas te permite columpiarte y pasar a la siguiente. No la soltarás hasta que hayas fijado la mirada en la próxima; si la sueltas y no hay otra liana, te vas a dar en la madre.

«Pero, Héctor, ¿debo rendirme con una amistad y de inmediato buscar otra para sustituirla y poder seguir? ¿Y si no encuentro empleo inmediatamente después de dejar el que odiaba?».

Ño.

Todas las lianas son diferentes. ¿A qué me refiero? La liana que soltaste es una relación tóxica y la liana de la que te vas a columpiar ahora NO DEBE SER IGUAL. La nueva liana, de la que ahora te sostienes, puede ser amor propio, amigos, mucho trabajo, un libro, algún proyecto que te ocupe o, sí, tal vez una nueva relación; pero llévala tranqui: no todas las lianas son lo que parecen. Podrías agarrarte de una anaconda que parezca rama y que te suelte un mordidón loco por no poner atención.

Hay lianas o ramas que se mueven más lentamente, otras que no aguantan mucho y se van a trozar pero servirán para llegar a lugares a los que no sabías que podías llegar. Si te vas a rendir con tus papás y quieres irte de casa, tu siguiente liana debes ser tú siendo responsable con un trabajo estable, listo para mantenerte por ti mismo. Si vas a dejar una meta que te motivó por años pero que ya no te produce lo mismo al trabajar en ella, entonces tal vez haya otros objetivos que ahora tienen más importancia en tu vida y puedes redirigir tu atención hacia ellos.

Tarzán en la vida laboral

No nos podemos lanzar al vacío así nada más. Si saltas a otro empleo mientras estás en el actual, puedes aguantar un poco ahí y observar tus opciones para ver cuál puede llenar tus expectativas. Hasta Tarzán se quedaba colgado de vez en cuando para ver hacia dónde lanzarse.

Tal vez en nuestra mente nos imaginamos que dejamos de ser miserables al renunciar a ese empleo que odiamos; pero sin un plan para pagar la renta, la luz, el agua, etcétera, puede que terminemos más miserables aún.

Siempre escuchamos esas historias de personas que renunciaron a su trabajo y se fueron a viajar por el mundo, pero rara vez nos cuentan lo que pasa cuando regresan y van a entrevistas de trabajo inventando lo que hicieron durante seis meses, mientras en realidad «fluían» por Europa.

Tú eres el hombre mono que toma las decisiones.

Calcula las prestaciones que te ofrecen en un empleo: seguro de gastos médicos mayores, seguro de vida, créditos hipotecarios, préstamos personales, vales de despensa, fondos de ahorro, ayuda o servicio de transporte, servicios sociales, programas educativos y capacitación. Decide sabiamente cuál será tu siguiente liana y si de verdad te puedes sostener de ella.

Y RECUERDA:

NO TOMAR UNA DECISIÓN TAMBIÉN ES UNA DECISIÓN. Es decir, si te quedas en la misma liana para siempre, no llores cuando se rompa y te alcance el jaguar gigante.

No puedes culpar a las lianas por ser feas, recuerda que tú eres el hombre mono que toma las decisiones. Los brazos son tuyos, las lianas solo son tu medio de transporte.

UNA VEZ QUE TE RINDAS

Ya. Lo lograste, tuviste la conversación incómoda, sacaste tus cosas en una cajita de cartón, le hablaste a tu mejor amiga para contarle todos los detalles de tu gran triunfo; hay euforia y emoción, esperanza para el futuro y muchos planes para tu nueva historia, con tu nueva realidad.

NO TE CONFUNDAS: lleva tiempo acostumbrarse a la nueva realidad y de vez en cuando, si te sientes débil o inseguro, querrás escuchar a tu público imaginario. Tendrás recuerdos que te llevarán a momentos de debilidad, porque es difícil rendirse, pero mantenernos rendidos puede ser todo un reto también.

Querrás dar marcha atrás. Vas a extrañar la manera en la que eran las cosas; incluso vas a formar conversaciones enteras en tu cabeza sobre cómo pudiste hacerlo mejor, sobre qué debiste decir o no cuando renunciaste, cuando te despediste o cortaste.

Es normal, pero depende de ti cuánto tiempo le dedicas a esto. Hay quienes se sacuden el polvo y siguen, quienes deciden ponerse la capa de la perseverancia y hacen llamadas ebrios, llorando, a las cuatro de la mañana o envían disculpas innecesarias a sus exjefes sin lograr ningún resultado.

Y no importa qué camino elijas, siempre habrá días malos. Habrá uno que otro día nublado en el que extrañes a tu ex, en que te preguntes cómo habría sido si las cosas se hubieran arreglado; un día lento en el trabajo en el que extrañes algún aspecto de tu antiguo empleo y te preguntes si te estás perdiendo de oportunidades o si te extrañan un poco tus amigos en tu antigua oficina.

En los días buenos, si de casualidad llega un recuerdo, úsalo para darte seguridad. Estás en un buen lugar emocional o económicamente, y si no hubieras sufrido esos días en los que decidiste rendirte y darte un nuevo comienzo, no estarías donde estás ahora.

Siente todo eso, no tengas miedo. Súfrelo poquito, PERO RECUERDA LO MALO. Recuerda por qué te fuiste, no por qué debías haberte quedado. NO TE QUEDASTE. Abraza tu nueva realidad, bésala, sácala a pasear y cómprale algo bonito. Aprende a sacarle provecho, ya que bastante te costó.

Es muy fácil acostumbrarnos al tiempo libre extra que tendremos, es muy fácil sentirnos cómodos solos, pero recuerda que eres Tarzán y tienes que seguir columpiándote. Existe un mundo allá afuera y aún necesitas dinero para comprar comida y Funko Pops o lo que sea que colecciones.

Aprovecha las nuevas oportunidades y puntos de vista que se te presenten. Aunque no estés listo para una relación, no te prives de conocer nuevas personas, aunque no aparezca aún la oferta de trabajo que supere la que dejaste, no dejes de ir a entrevistas.

Consiente a tu nueva realidad para que ella te trate bien a ti. Luchaste mucho por ella después de todo.

LOS OTROS CAMINOS

¡Abre bien los ojos! Cuando te rindes, es

como poner un *cheat code* en un videojuego: se desbloquean nuevos mundos, posibilidades, nuevos (y sexys) personajes con quienes puedes interactuar, nuevas armas, pasiones y oportunidades que tal vez parecen invisibles por ahora. Pero si pones atención a estas nuevas posibilidades, dejas de poner atención al pasado y escuchas con cuidado, te darás cuenta de que se avecina una avalancha llena de incertidumbre de la buena.

Aprende a identificar lo bueno, ya que después de rendirte, aunque haya días oscuros, tus nuevas opciones son casi infinitas. Y si aún no te animas a tomar el riesgo de comenzar de nuevo, piensa en esto: tomamos riesgos enormes a corto plazo, pero no para nuestra vida entera.

ES EXTRAÑO: todos los días presenciamos actos estúpidos de

valentía que solo nos dan beneficios a muy corto plazo, pero que podrían tener consecuencias horribles para el resto de nuestras vidas. ¿Cuántas veces no hemos arriesgado nuestra vida al cruzar la calle a toda prisa y sin mirar? La consecuencia de esta acción sería llegar tres o cuatro minutos antes al trabajo que odias. Si es tan fácil tomar esta pequeña y muy estúpida decisión, ¿por qué nos cuesta tanto trabajo tomar riesgos que podrían llevarnos a la felicidad?

Somos capaces de correr riesgos enormes que no valen la pena en vez de riesgos moderados con posibilidades ilimitadas. Eres capaz de tener sexo sin condón para satisfacer tus necesidades a corto plazo, arriesgando tu salud, pero te da miedo hablarle a la que te gusta.

Te metes un pedón o te drogas para olvidar que tu relación no te gusta o que odias tu trabajo por una noche, en lugar de tomar la decisión de cortar o renunciar a ese empleo.

Sí, son cosas que todos sabemos pero ignoramos, que todos necesitamos escuchar pero que nadie dice. No es un tema fácil. Lo tenemos frente a nosotros y no lo vemos, está «escondido» frente a nuestras narices.

A NADIE LE IMPORTA(S)

Saber a dónde vas

Si pudiera aconsejar a mi yo del pasado, le diría:

NADIE ESTÁ OBSERVANDO CADA PASO QUE DAS.

Todos estamos en un pequeño escenario vacío porque el público está ocupado en su propio miniescenario vacío. Cuando alguien aplaude es porque se identificaron con algo de su propia obra cuando voltearon a ver la tuya.

Cada quien es protagonista de su propia película. Es importante que no te conviertas a ti mismo en un personaje secundario con pocos diálogos y sin una historia interesante solo porque te importa demasiado lo que piensen tus amigos, compañeros de trabajo o tus papás. Y mucho menos hagas protagonista de tu historia a alguien que no te aporte o que no te vea como alguien importante en su vida. TE LO RUEGO.

No te preocupes por quedar bien, pues la admiración llegará cuando duermas o te mueras. Baila como quieras, ama a quien quieras y mantente segura o seguro. No hay mejor número de suscriptores para comenzar que cero. Nadie verá si te equivocaste y lo mejor de todo es que probablemente nunca se enteren de todos modos. Por otro lado, si decides no esconderte y compartir tus errores y ser honesto sobre tus habilidades o tu historia, algo que sí podría llegar es ayuda, apoyo y motivación.

Tratamos a la gente que tiene éxito como cartógrafos expertos de la vida y no lo son. Si ya sabes qué pasos seguir en el mapa, solo estás siguiendo huellas de quienes ya lo lograron y llegarás en segundo lugar; en cambio, si vas por tu camino, serás el primer lugar de TU CAMINO.

Aquellos a los que admiramos se pasaron por los huevos esos mapas e ideas preconcebidas. Queremos ser los mejores y sobresalir; sin embargo, para ser aceptados, hacemos lo mismo que los demás. Lo cierto es que hoy en día es difícil que te condenen a la hoguera por discutir los dogmas religiosos o institucionales a la hora de comenzar tu propio negocio.

Sigue las reglas, sigue los pasos, sigue instructivos y probablemente esto te lleve exactamente a donde quieres, sin sorpresas en el camino, probablemente no muy lejos. No sirven de nada esos ejercicios en los que no te debías salir de la raya. En los museos ponemos a quienes imaginaron algo desde cero: a quienes nunca vieron las rayas, no a quienes pueden hacer réplicas fregonas o coloreados profesionales.

PARA RENDIRTE, TIENES QUE SER FUERTE.

Que no te engañen: ser débil es de fuertes. Hay mucha fuerza en ser vulnerable, hay aprendizaje en ser honestos y mostrarnos como realmente somos ante alguien. Aceptar que se cometieron errores, incluso rendirse para volver a empezar, es de débiles que son fuertes en realidad.

Rendirse también es entender que a veces el éxito está en saber cuándo ya hemos terminado, cuándo ya aprendimos todo lo que teníamos que aprender. Nosotros decidimos cuándo acaban ciertas historias y cerramos ciclos. Reconocer y apreciar nuestros logros y triunfos, disfrutar el camino y agradecer a quienes son parte de este es saber vivir el éxito día a día.

Requiere madurez y mucha honestidad reconocer para dónde ya no puedes avanzar. Se requiere mucha fuerza para decir en voz alta algo que ya pensaste bien y estabas tratando de bloquear de tu mente para que tus miedos no se convirtieran en realidad. Pero, sobre todo, se necesita valentía para defender y proteger tu bienestar físico y mental.

Las mentes débiles pensarán que en este libro simplemente les pido que se rindan y corten a su novia, que renuncien a su empleo o que dejen de trabajar en algo que les cuesta mucho esfuerzo, PERO NO ES ASÍ. Te estoy proponiendo que hables honestamente contigo mismo, que te sientes a platicar y uses tu sentido común como un aliado para llegar lejos, reconociendo lo que de verdad te hace bien y te hace feliz.

AGRADECIMIENTOS

Madre, Padre, Hermano y Rigue, los amo, gracias.

Gracias Isla Benshortiana, Benshortianos, suscriptores de toda la vida, gente que escucha Soliloquio, espero que este libro ayude, gracias por no rendirse conmigo y por ser parte de mi proceso, espero ser parte del suyo.

Aída, gracias por encerrarte conmigo tres días seguidos, solo me dejabas parar por comida, te pregunté si querías hacer algo (para intentar escapar) y dijiste que no saldríamos hasta que avanzara, me diste seguridad y escuchaste mis ideas. Gracias Mario, me hiciste ver muchas realidades y también límites que me estaba poniendo a mí mismo, gracias por la paciencia. Diego, gracias por dibujar mis ideas y hacerlo con mucho estilo. Yuka y Mary, les debo mucho, gracias por ser el mejor equipo del mundo, por emocionarse igual o más que yo con nuestras ideas. Karla y Damara, gracias por todos los aprendizajes, por los múltiples empujones para ayudarme a ser mejor profesional y persona, este libro no hubiera sucedido sin nuestras pláticas. Ixpanea, literalmente has cruzado el planeta cuando te he necesitado, gracias por siempre estar. Eduardo y Arling, gracias por sacar ese wey cool que llevo dentro. Claudia, gracias por todo bebé. Nabile, gracias por empujarme a hacer más, don't you love it?

Chebo, Juan, Celso, Gwabir, Marcela, Miguel Abrego, Ceci Rodríguez, Isma, Caja, Pato González, Grecia Silva, Álvaro Blancarte, Erika Kosegarten, Rodrigo Loco, Stacy, Laura, Charlotte, Colin, Claire, Eeva-Lotta, Jennifer Marie, Sonia, Massiel, Pasillas, Alejandro Ibarra, Slobo, Somo, Mau, Sergio, Jota, Bully, Neyda, Ricardo Peralta, César Mary, Tato, mi psicólogo (obvio, jajaja), Alan, Alan 2, Sury, Navy, Dany, Paco Sassy, Alex, Dfined, Majo Mtz, Rodrigo Vive, Juana Ríos, Dany Bos, Samuelf, Rogertz, Beto, Fabbiene, Roberto Mtz, Farid, Rorro, Ramiro, Arturo, Zazil, Dada, Jessica Fdz, Sandy, Atrapatusueño, Yayo, Clemente, Massiel, Carito, Jose Luis, Chusita, Pablo Vlogs, Viko Volkova, Diego, Diego 2, Oscar, LuisaFers, Fabio Legarda <3, Sam Ash, Bruno, Adrian, Karen Rainbowclay, Jany, Vixelo, Fernando Almendro, Elpidio, Brau, Tania Vargas, Lost en el Gabacho, Marisol Sunshine, Hugo, Pedro, Juanma, Ana Julia Yeye, Ricardo Perez, Daniel Sosa, Ricardo O'farrill, Ballarta, Brigitte Grey, Jerry Velazquez, Pots, Mario Castañeda, Rafa Polinesio, Luisito Comunica, Eber Landa, Britney, Raul, Wasabichi, Chumel, Luz de Pepe, Fredo, Kimmy, Rulo Barrera, Raisha, Male Blas, Diego Dom, Mickey, Luis, David, Mike Hernández, John Mayer, vicepresidentes de la Isla Benshortiana, moderadores, encargados de distritos, secretarios de actividades, encargados de los velociraptores, gente del Bunker, seguidores nuevos, vecinos, tíos, tías, primos, abuelos, Nay Almeida, Dany Grrrr, Nabil, Jennyfer, Naay, Danitza, Ebelyn, Sandra Ferreiro, Mara Salinas Guerra, Aimeé Ruiz, Daniela Medina, Ilse Molina, Are Tún, Rommina Martell Ortega, Andrea Gabriela, Julieta Alvarez, Gabriel Joestar, gracias por inspirarme y por ser parte de mis procesos personales y creativos.